SIMEON WADE

Foucault na Califórnia

Filosofia e LSD no Vale da Morte

TRADUÇÃO

Júlio Delmanto &
Felipe Melhado

Foucault na Califórnia

13 PROLEGÔMENO
19 A FÓRMULA
25 IRVINE
31 CHEGADA
37 CHEZ FOUCAULT
51 VIAGEM AO VALE DA MORTE
75 A PALETA DO ARTISTA
83 ZABRISKIE POINT
93 VISTA DE DANTE
113 UMA FESTA
123 AS TRILHAS DE BEAR CANYON
133 NA VARANDA
143 A PISCINA
153 A SALA DOS FUNDADORES
181 SAMBO'S
187 PARTIDA

elefante

GRAFATØRIO

elefante

GRAFATØRIO

EDIÇÃO
Felipe Melhado
Tadeu Breda

ASSISTÊNCIA DE EDIÇÃO
Luiza Brandino
Julia Bahls

PREPARAÇÃO
Alyne Azuma

REVISÃO
Fabiana Medina
Eduarda Rimi

CAPA & PROJETO GRÁFICO
Pablo Blanco

DIREÇÃO DE ARTE
Pablo Blanco
Bianca Oliveira

ASSISTÊNCIA DE ARTE
Daniela Miwa Taira
Gabriel Lemes
Luiz Niekawa

Cartas & textos complementares

201 **Prefácio à edição original**
HEATHER DUNDAS

221 **Foucault e a cultura das drogas**
JÚLIO DELMANTO

233 **Amizades ácidas: Foucault, técnicas de si e relações especulativas**
FELIPE MELHADO

257 ***Foucault na Califórnia* sob a teoria crítica contemporânea**
ANTONIO PELE

271 **A experimentação como forma de vida**
TONY HARA

285 **SOBRE O AUTOR**

Em geral, só imaginamos Platão e Aristóteles com grandes túnicas de pedantes. Eram pessoas honestas e, como as outras, riam com os seus amigos; e, quando se divertiram ao fazer as suas Leis e a sua Política, fizeram-nas brincando. Era a parte menos filosófica e menos séria de sua vida. A mais filosófica consistia em viver simples e tranquilamente.

Se escreveram sobre política, foi como para pôr em ordem um hospício; e, se fizeram menção de falar dela como de uma grande coisa, é que sabiam que os loucos a quem falavam julgavam ser reis e imperadores; entravam nos seus princípios para moderar a loucura deles na medida do possível.

— Blaise Pascal, *Pensamentos*

PROLEGÔMENO

Num dia de primavera em meados dos anos 1970, um colega me ligou contando que o inestimável Michel Foucault estava confirmado para ministrar um seminário na Universidade da Califórnia, em Berkeley. Fiquei muito feliz. Michel Foucault era meu herói e finalmente havia a possibilidade de encontrá-lo. Ele já era considerado o mais proeminente dos intelectuais franceses do século XX. Para mim, era nada menos do que o maior pensador do nosso tempo, talvez de todos os tempos. Compará-lo com qualquer outro seria como apontar uma vela para o sol.

Fazia nove anos que eu, ainda um estudante de história intelectual em Harvard, tinha lido o primeiro grande trabalho de Foucault, *História da loucura*. O livro me empolgou ao extremo, mas meu pensamento não era sofisticado o suficiente para compreender todas as implicações daquela contribuição revolucionária. Também não tive muita ajuda dos meus professores em Harvard, muitos deles atolados em especializações estreitas, ideologias pueris e metodologias obsoletas.

Quando comecei a dar aulas em Harvard, no final dos anos 1960, eu ainda tinha uma abordagem hegeliana da história e da literatura. Então li *As palavras e as coisas*. Descartei o hegelianismo e declarei aos meus estudantes que o conceito foucaultiano de episteme estava para as ciências humanas assim como a análise da dupla hélice de Watson e Crick estava para as ciências biológicas. Depois de ler *Vigiar e punir*, em 1975, entendi que o trabalho de Foucault era um divisor de águas decisivo para a história intelectual moderna. Quando li *O anti-Édipo*, de seus colegas Gilles Deleuze e Félix Guattari, senti que os três juntos tinham as respostas para as questões mais importantes do nosso tempo: "Por que o fascismo e como resistimos a ele?". Na minha visão, Foucault e seu círculo prepararam o terreno para que encontrássemos o que realmente precisamos saber sobre a mente e a sociedade. Eles estavam articulando os contornos da nova era que nos atravessava.

Fui tão transfigurado pelo trabalho de Foucault que busquei, esfomeado, por informações sobre sua vida pessoal. Inicialmente, tudo o que eu sabia sobre a pessoa de Foucault vinha de um breve resumo de sua carreira de professor que constava na orelha de *As palavras e as coisas*. Em 1969, quando eu vivia em Paris, perguntei sobre ele à minha namorada, que era professora na Sorbonne. Ela contou que Foucault pertencia ao mais infame círculo de intelectuais homossexuais da capital francesa. "Ele é um *deles*", falou, com desdém. No entanto, ela teve a dignidade de dizer que respeitava o seu trabalho. Quando perguntei se concordava com Foucault nas questões políticas, rebateu dizendo que a lealdade dela à esquerda era restrita ao estilo de vida, nada mais. Sua Alteza também me disse para não perder tempo tentando ler *A arqueologia do saber*, de Foucault, logo depois que o livro apareceu nas livrarias parisienses, porque ele estava além dos meus poderes de compreensão. A notícia de que Foucault era abertamente homossexual, a ideia de que seus livros eram difíceis demais para um esforçado estudante estadunidense e sua reputação de defensor do levante estudantil de maio de 1968 atiçaram ainda mais meu interesse.

Em 1971, Foucault foi indicado para uma das mais prestigiosas posições da academia francesa: professor de história dos sistemas de pensamento no Collège de France. O título foi literalmente criado para ele, por conta do caráter único de seu trabalho. De certo modo, ele foi o primeiro a aplicar análises sistêmicas para a história do pensamento. Talvez entendamos Foucault como um especialista em analisar sistemas, ou até como um grande filósofo, historiador, sociólogo ou psicólogo, mas na verdade ele se considerava um jornalista. Ele estudou o passado apenas com o propósito de entender o presente. Analisou a história da mente para explicar o poder do discurso. Sua frase "nós não somos nada além daquilo que foi dito" é uma introdução à sua abordagem da história e das ciências humanas.

Em todas as quartas-feiras durante seu curto tempo no Collège de France, Foucault deu palestras sentado diante de uma mesa vazia e iluminada por apenas uma lâmpada. A sala estava sempre lotada de estudantes atentos e colegas acadêmicos, muitos deles gravando todas as sessões em fitas cassete. Era a mesma sala em que Henri Bergson, o famoso filósofo, trabalhou durante a era proustiana.

Assim como acontecia com Bergson, quem quisesse ouvir Foucault falando tinha de encarar uma longa fila para entrar. Era sempre um acontecimento.

No mesmo ano em que Foucault assumiu sua augusta cadeira em Paris, eu me tornei um reles professor assistente na Claremont Graduate School, localizada no Vale de San Gabriel, nos arredores mais conservadores do extremo leste do município de Los Angeles. A faculdade é parte de um conjunto de instituições conhecido como Claremont Colleges, que fica em uma pretensiosa e igrejeira cidade universitária do Meio-Oeste transportada para a Califórnia. Suas instalações são paroquiais, a administração, reacionária, e os estudantes, em sua maioria, ricos e carreiristas. Na época, eu estava feliz de trocar os corredores embolorados de Harvard pelos espaços arejados da Califórnia. Me sentia pronto para adotar o estilo de vida do meu alter ego, Jean-Jacques Rousseau. Cheguei em 1972 e fui morar com um amigo em uma cabana remota no Bear Canyon, nas montanhas de San Gabriel, 1.200 metros acima de Claremont.

Depois de um ano me estabeleci no Programa de Estudos Europeus na Graduate School e garanti uma boa bolsa de pesquisa da National Endowment for the Humanities. Apesar de ser divulgado como um programa interdisciplinar, na verdade o curso era baseado no trabalho de

Foucault e seu círculo. Eu estava tentando introduzir no mainstream da academia norte-americana os métodos e as ideias do porta-voz parisiense da "Revolução Molecular", que durante os anos 1960 foi chamada nos Estados Unidos de "o Movimento". Eu sentia que Foucault e Deleuze não apenas forneciam o pensamento mais avançado para a Revolução Molecular, mas que, ao mesmo tempo, também estavam transformando nosso entendimento das ciências humanas.

A FÓRMULA

Quando soube que Foucault estaria em Berkeley, decidi aproveitar a chance e convidá-lo para vir a Claremont. Que ótima oportunidade, pensei. Poderíamos nos encontrar cara a cara com o grande homem. Os textos seriam esclarecidos pela presença do próprio autor. Sua visita poderia até trazer atenção mundial para o Programa de Estudos Europeus e ajudar a consolidar nosso pequeno refúgio vanguardista em uma das regiões mais reacionárias da Califórnia. Então, para mim, a principal questão passou a ser como atrair uma figura tão aclamada para uma cidade universitária sem importância alguma. Antes de tentar vender-lhe a ideia, fiz um inventário das coisas a nosso favor. Eu poderia falar a ele sobre o Programa de Estudos Europeus com a esperança de que nossa dedicação ao seu trabalho e nosso envolvimento no Movimento o persuadissem a nos visitar. Eu lhe daria um honorário generoso. Poderia prometer um bando de rapazes californianos para entretê-lo. Poderia levá-lo a algumas das locações mais cinematográficas da Califórnia.

Então tive uma ideia repentina. Se eu conseguisse garantir uma visita de Michel Foucault, conduziria um experimento. Imaginei uma fórmula que talvez produzisse efeitos intelectuais como em uma ficção científica, algo como o Dr. Morbius, de *Planeta proibido* (1956), ou a Galáxia Being, do primeiro episódio de *A quinta dimensão* (1963). A minha fórmula era a seguinte: primeiro, pegue o maior intelectual do mundo, o homem que foi além da panaceia de que "conhecimento é poder" para descobrir que "poder produz conhecimento"; segundo, ofereça a esse intelectual um elixir divino, uma pedra filosofal digerível, que tenha o potencial de aumentar astronomicamente o poder do cérebro; e a mágica está feita.

Eu seria o alquimista e também documentaria o experimento. A fórmula seria esta: Michel Foucault + Pedra Filosofal + Vale da Morte, Califórnia + Michael Stoneman.

Michael Stoneman é meu parceiro de vida e, em suas próprias palavras, um "compositor homossexual e fumante". Ele tem muitos interesses, incluindo uma predileção por coisas da China, especialmente a língua, a religião e as ervas mágicas. Logo depois que nos conhecemos, no feriado de Ação de Graças de 1974, Michael declarou que queria me iniciar no mistério das coisas. Ele me levou ao Vale da Morte, um território desértico, montanhoso e magnífico a cerca de trezentos quilômetros de Los Angeles, quase na fronteira com Nevada. Lá, experimentei um êxtase e uma iluminação que nunca sonhei existirem. Agora tínhamos a oportunidade de oferecer o mesmo a Michel Foucault. Como duas faces de Eva, iríamos lhe ofertar o fruto da Árvore do Conhecimento. Passaríamos uma noite na montanha Bald.[1]

Pensei que uma viagem ao Vale da Morte poderia dar a Foucault o tipo de experiência de iluminação que costumamos associar aos mestres do passado. Mas eu também sabia que estávamos assumindo um risco. Ingerir a pedra filosofal num lugar tão mágico poderia queimar os fusíveis do maior pensador da nossa era. Ou não ter efeito algum. No entanto, saltei rapidamente para a expectativa de que o acontecimento extrairia de Foucault enunciados gnômicos de tamanho poder que desencadeariam uma verdadeira revolução em sua consciência. Artaud não recebeu sua língua de fogo depois de tomar peiote com os índios Tarahumara no Grand Canyon mexicano? Não poderíamos esperar mais, muito mais, de Michel Foucault?

Hoje, minha fórmula pode ser considerada uma espécie de delírio de grandeza. Afinal, a viagem ao Vale da Morte não mudou o mundo, mas transformou Michel Foucault, que me disse ter passado pela melhor experiência de sua vida. Quando ele voltou a Paris, escreveu para Mike e para mim dizendo que teve de recomeçar do zero.

1 "*A Night on Bald Mountain*", no original. Referência à composição musical de Modest Mussorgsky, de 1867, utilizada como trilha sonora do longa-metragem de animação *Fantasia*, da Disney, em 1940. Como se verá mais adiante, é também uma referência ao local que Wade, Stoneman e Foucault visitarão juntos, o monte Bald. [N.E.]

A viagem ao Vale da Morte o transformou completamente. Ele disse que, depois de seu retorno, queimou o segundo volume de *História da sexualidade* e acabou com todo o prospecto da obra que ele pensava em publicar em uma série de sete volumes. Ele decidiu começar de novo. Os resultados desse recomeço podem ser vistos nos últimos três volumes de *História da sexualidade*, escritos após a viagem ao Vale da Morte. Eles coroam sua obra como a *Ética* define o legado de Aristóteles. A mensagem final de Foucault para nós é o valor supremo da "estética da existência". Ele nos ensina a escapar dos desastrosos códigos da Sociedade Disciplinar e fazer de nossa vida uma obra de arte. Acredito que a viagem ao Vale da Morte foi providencial para tornar a Ética de Foucault possível, assim como para determinar sua substância.

Na mesma tarde em que Phyllis Johnson, professor de francês na Pomona College, aliado do Programa de Estudos Europeus e um grande e querido amigo, me contou que Foucault estava vindo à Califórnia, liguei para o chefe do Departamento de Francês de Berkeley. Ele me disse que Foucault tinha de fato aceitado o convite, mas que ainda não sabia quando ele chegaria, sobre o que falaria ou se estaria disponível para conferências em Berkeley ou outros lugares. Ele sugeriu que eu escrevesse diretamente a Foucault em Paris. Para minha surpresa, Johnson me deu o endereço da casa de Foucault, que preguei na minha mesa como um monge medieval penduraria a rota para Roma na parede de sua cela.

Mandei um bilhete a Foucault em Paris, convidando-o para vir a Claremont. Ele respondeu sucintamente dizendo que gostaria muito de nos visitar, mas, como ainda não sabia de sua agenda em Berkeley, teria de chegar à Califórnia antes de fazer qualquer plano de viagem. Pediu que eu o contatasse de novo, quando ele já estivesse em Berkeley. Então sugeri uma viagem ao Vale da Morte, que descrevi com uma citação de Artaud sobre sua experiência com peiote entre os Tarahumara: "suspenso entre formas esperando por nada além do vento". A carta ainda apresentava detalhes prolixos de uma possível agenda de seminários, palestras e festas. Olhando agora para a programação tão exigente que propus, não é de surpreender que Foucault não tenha me respondido. Fiquei arrasado.

IRVINE

No começo de maio, Phyllis Johnson me disse que Foucault daria uma palestra na Universidade da Califórnia em Irvine, a cerca de uma hora de carro de Claremont. A notícia fez meu pulso acelerar instantaneamente. Eu iria intimá-lo cara a cara. Eu sabia da importância de ser assertivo. Michael e dois estudantes aliados, Brit e Patti, me encontraram no auditório esperando avistar Foucault quando ele entrasse na sala. Brit me agarrou pelo braço e disse, engasgando: "Olha ele ali!" E ali estava ele, caminhando a passos largos pela entrada do recinto. Era consideravelmente mais baixo e compacto do que eu tinha imaginado com a ajuda da severa e sisuda fotografia na orelha de *As palavras e as coisas*. Tinha ombros largos e um rosto redondo, com traços definitivamente franceses, e atributos mais agradáveis e vivazes do que na foto.

Por um momento, cheguei a pensar que estávamos enganados, mas caminhei rapidamente — saltando, na verdade — para vê-lo mais de perto. "Sim, é Foucault", disse para Patti, que estava logo atrás de mim. Seus olhos tinham a intensidade de raio laser que se notava na fotografia, e seu crânio de águia careca era inconfundível. Mais de perto, a cabeça nua era marcada por diversos lóbulos que saltavam do topo do crânio. Você não precisava ser frenologista para reconhecer que dali emergia uma extraordinária mutação neurológica, algo da ordem de uma supermente. A blusa branca de gola rolê, sob um paletó xadrez aberto, revelava um torso poderoso de contornos bem definidos. Suas calças brancas boca de sino eram bem justas ao redor das coxas e da pélvis. Foucault mais parecia um atleta do que um acadêmico. Era óbvio que ele não passava o tempo todo atrás de uma escrivaninha.

Nós o seguimos sala adentro e sentamos na segunda fileira. Enquanto o auditório enchia, Foucault se acomodou tranquilo e alerta, conferindo suas anotações e conversando com o moderador, rindo de tempos em tempos após algum comentário que não conseguíamos ouvir. De vez em quando, ele olhava ao redor e estudava os rostos do grupo ali reunido. Depois de uma breve introdução, que consistiu nas palavras "Michel Foucault" seguidas de um caloroso aplauso, o distinto visitante de Paris caminhou com vivacidade até o púlpito. Eu já tinha ouvido dizer que Foucault se recusava a falar em inglês publicamente, então não me surpreendi quando ele começou a ler suas anotações em francês. A palestra sobre a proliferação do discurso sexual durante o século XIX era claramente parte do renomado curso que ele oferecera naquele ano no Collège de France. Ele centrou sua fala na difusa e obsessiva condenação da masturbação pela literatura médica e religiosa. A exposição foi feita com base no manuscrito do segundo volume de *História da sexualidade*, o mesmo manuscrito que ele depois destruiria em Paris ao voltar da viagem ao Vale da Morte.

O moderador informou à plateia que Foucault tinha pouco tempo antes de pegar um avião de volta a San Francisco, então a discussão teria de limitar-se a algumas poucas perguntas. Após uma breve troca com a audiência, Foucault caminhou rapidamente rumo à saída. Não consegui reunir a coragem suficiente para atravessar o grupo de pessoas que o cercava a caminho da porta. Estava devastado, pois sentia que essa poderia ser a última chance de convidá-lo para nossa viagem. De repente, com uma agilidade incrível, Michael disparou na direção de Foucault, driblou a multidão de admiradores que o engoliam e, num francês ofegante, disse que eu precisava falar com ele. Perplexo com a aparição de Michael, e intrigado por não ter reconhecido meu nome de imediato, Foucault interrompeu sua caminhada por tempo suficiente para que eu pudesse alcançá-lo.

Fiquei tão surpreso com a sagacidade de Michael que tudo que consegui balbuciar foi meu nome e Claremont, duas palavras que repeti três vezes cada uma. Então Foucault, relevando minha falta de desenvoltura, lembrou da minha carta e se desculpou por não haver respondido. "Temo que eu tenha sido rude", falou em um inglês claro. "Mas estou com muitos compromissos na Califórnia e acho que não vou ter tempo de visitar Claremont desta vez." Então seus anfitriões o encaminharam na direção da porta, mas me mantive ao seu lado, tropeçando desajeitado durante a maior parte do caminho até as escadas enquanto tentava persuadi-lo a nos visitar por ao menos um dia. Por fim, chegamos ao topo da escada e ao ar livre. Foucault parou bruscamente, virou-se para mim com um sorriso e disse: "Mas como posso visitar o Vale da Morte se eu passar apenas um dia com vocês?"

Minha esperança renasceu e me deu novos poderes de fala. "Então venha por três ou quatro dias", propus. "Poderíamos ir de carro até o Vale da Morte, passar a noite e a manhã seguinte, e então voltar de tarde, a tempo de você dar uma palestra na Claremont. De Claremont até o Vale da Morte são apenas pouco mais de quatro horas", implorei com um sorriso. "Vamos ver", ele disse. "Me ligue no escritório em Berkeley amanhã à tarde." Mas ele não podia fugir rápido o bastante para evitar Michael, que correu até ele de uma forma hitchcockianamente abrupta e perguntou se ele praticava hataioga. Surpreso, Foucault replicou com "o quê?", antes de um "não". "Eu pensei que você talvez fizesse ioga, já que tem um corpo tão bonito", Michael gritou enquanto os anfitriões de Foucault o retiravam do círculo de simpatizantes e o empurravam para dentro do carro. Um desavisado poderia facilmente achar que um político estava deixando um comício sob a proteção do serviço secreto.

Na semana seguinte, telefonei para Foucault em Berkeley. "Decidi que vou visitar vocês em Claremont", ele disse, enfaticamente. "Espero que a gente tenha tempo de visitar o Vale da Morte." Tremendo de ansiedade, garanti que faríamos a viagem ao Vale da Morte. Então fiz um breve resumo dos nossos planos.

"Só não gostaria de falar para um grupo muito grande de pessoas. Estou cansado disso."

"Espero que não. Você vai fazer a palestra em inglês?"

"Melhor não. Meu inglês é muito ruim."

"E você pode chegar na sexta-feira? Talvez também pudéssemos ir ao Parque Nacional Joshua Tree."

"Fora de questão. Não consigo chegar antes do sábado."

"Então nós te pegamos no aeroporto. Vamos passar o fim de semana no Vale da Morte. Me avise o horário da sua chegada. Você tem certeza de que vai nos reconhecer?"

"Bem, de qualquer forma, vocês certamente não irão falhar em me reconhecer", disse, dando risada, provavelmente aludindo à sua careca.

CHEGADA

Depois de uma preparação ridiculamente longa, o meu dia de "isso deve ser um sonho" chegou. No caminho do aeroporto, Michael escutou compreensivamente minhas exclamações sobre o privilégio de receber uma visita dessas e sobre meus sentimentos de inadequação em relação a isso. Diante de um acontecimento tão importante, teria sido óbvio demais lembrar de estar no aeroporto na hora exata de sua chegada. Felizmente o avião atrasou e, quando as portas automáticas abriram deslizantes, encontramos Foucault caminhando a passos largos para o setor de bagagens, como se o aeroporto estivesse pegando fogo.

"*Monsieur* Foucault!", exclamei. "Achamos você!"

"Sim", ele sorriu de volta, depois de se virar como um contorcionista. "Estou muito feliz de ver você e Michael novamente."

Exceto por um exemplar do *Los Angeles Times* nas mãos, Foucault estava idêntico ao dia de Irvine. O traje era todo o mesmo: paletó xadrez, blusa branca de gola rolê, calças brancas boca de sino, mocassins marrons. Depois de apanhar sua pequena mala e uma caixa com papéis, entramos em nosso Volvo verde sedã e nos dirigimos à *freeway*. Perguntei por que ele tinha trazido todos aqueles papéis, e ele disse que eram apontamentos para o livro que estava escrevendo sobre homens e monstros. Foucault também estava ministrando um seminário em Berkeley sobre esse assunto.[2]

Poderíamos estar em qualquer lugar do sistema de *freeways* californianas que continuaríamos diante dessa mesma névoa fria que esmaecia os feixes de luz ao longo da Rota 10. Michael perguntou a Foucault se essa era sua primeira viagem à Califórnia. Eu sabia que ele tinha vivido e dado aulas ao redor do mundo — Estocolmo, Istambul, Túnis, Brasil, Lisboa, Hanover, Clermont-Ferrand, Buffalo. Por isso, fiquei surpreso ao saber que ele nunca havia estado na Califórnia.

"Há muito tempo queria visitar a Califórnia", disse. "Prefiro climas quentes e passei muito tempo no Norte da África. Não gosto de viver em Paris. É muito frio, abarrotado de gente, e os parisienses são caretas. Os rapazes são arrogantes."

"Sim", eu disse, "um bando de pavões. Por que você continua lá?"

"Amor e trabalho", ele respondeu. "Meu namorado vive lá, e meu trabalho não é muito exigente. Eu só preciso dar uma aula por semana durante três meses do ano. Neste momento seria difícil conseguir algo assim em outro lugar."

2 Aparentemente, o livro não foi concluído. Um mês antes de viajar à Califórnia, Foucault havia terminado de ministrar o referido curso no Collège de France, publicado na íntegra em *Os anormais: curso no Collège de France 1974–1975*. Trad. Eduardo Brandão. São Paulo: WMF Martins Fontes, 2010. [N.E.]

Michael perguntou o que ele tinha achado de San Francisco. Foucault respondeu que estava gostando muito da cidade. Ele nos disse que no início tinha alugado um quarto estudantil em Berkeley, mas vendo que a cidade universitária era muito parada à noite, se mudou para o outro lado da baía, para uma pensão perto da Rua Folsom, que naquela época era o centro da cena *leather* gay. Eu falei para Foucault que Michael era linguista e que até então dominava dez idiomas e seus dialetos. Então ele e Mike começaram a conversar em francês. Meu fraco entendimento da língua me obrigou a contar para Foucault que Mike também era um ótimo pianista e compositor. Foucault se inclinou para a frente no banco de trás, onde tinha insistido em sentar, e respondeu, animado:

"Que maravilha", disse para Michael. "Adoro música e quero ouvir um pouco da sua. Você conhece o trabalho de Pierre Boulez? Ele é um grande amigo meu."

"Ah é?", dissemos em uníssono.

Comentei sobre um excelente perfil da revista *New Yorker* sobre Boulez, escrito por Peter Heyworth, crítico musical do *London Observer*. Foucault não tinha lido, então eu lhe disse que Heyworth descreveu as composições de Boulez como a maior revolução da música no século XX. Acrescentei que Stockhausen uma vez disse que Boulez era o único compositor com quem ele conseguia conversar.

"Conheço Boulez há muito tempo", disse Foucault, "e recentemente colaborei para que ele trabalhasse no Collège de France. Não exatamente no Collège de France, mas no novo Institut pour la Recherche de la Musique Moderne, nas imediações de Paris. Esse acordo deu um pouco de trabalho, porque é a primeira vez que um professor do Collège de France será autorizado a dar aulas fora de seus muros. Mas o diretor concordou com a ideia, e Boulez estava ansioso para deixar de ser maestro e voltar a Paris para lecionar. Acho que vai ser uma experiência muito satisfatória."

"Você ouve muita música, Michel?", Michael perguntou.

"Por muito tempo não ouvi", lamentou Foucault. "Mas reconheci a importância da música de novo e agora ouço com atenção. Na verdade, não fiz praticamente mais nada nos últimos três anos."

"Que tipo de música? Clássica? Moderna?"

"Sim!", ele disse.

"Você escuta pop e rock?", Michael continuou.

"Não. Mas vou dizer uma coisa: esses estilos certamente influenciam pessoas no mundo inteiro, principalmente as letras", Foucault observou.

Mike disse que não tinha tempo suficiente para ouvir sequer toda a música clássica que valia a pena, por isso não podia perder tempo com o pop. Concordei que a música pop era boa para dançar, mas que, fora isso, era bem monótona.

"E segue o baile", concluí.

No carro, fizemos planos para os próximos dias. A única sugestão que Foucault não aceitou foi a de dar um giro pela vida noturna de West Hollywood. Ele disse que já havia feito o suficiente disso em San Francisco. Saímos da *freeway* e em poucos minutos chegamos à nossa cabana, que pairava sobre a Rota 66 como um barco flutuando na névoa. À nossa direita, as acidentadas montanhas da cordilheira de San Gabriel estavam encobertas, e a vasta extensão de arbustos que se estendia da casa até o pé do monte Baldy estava envolta em neblina.

CHEZ FOUCAULT

"*Oh là là*", Foucault exclamou ao entrar na casa. "*Très beau, merveilleuse!*", disse, enquanto dava uma olhada nas pinturas de Mike e nas minhas fotografias nas paredes. Do quintal, nossa cachorra correu pela cozinha para saudá-lo. "Adoro cachorros", disse, me dissuadindo de afastá-la. Ele acariciou a barriga que ela sempre presenteava aos admiradores e contemplou o ambiente da ampla sala de estar.

"A Skadi é um elkhound norueguês", expliquei. "Você tem cachorro?"

"Não, é muito difícil manter um cachorro em Paris. Mas minha mãe tem um em sua casa no interior, então aproveito quando vou para lá."

"Vou levar suas coisas para o quarto do colchão de água", Mike ofereceu.

"Ah, apenas me mostre onde eu posso colocar tudo", Foucault insistiu. "Posso me virar."

"Você já dormiu em um colchão de água?", Mike perguntou.

"Nunca."

"Então você precisa experimentar enquanto estiver aqui", ofereci. "Tem até um vibrador embaixo. Não demora muito até você virar um sibarita aqui no sul da Califórnia."

"Mas a gente não fica só vadiando no colchão de água", Mike destacou. "Praticamos ioga também."

Lembrei Foucault de que Mike tinha perguntado sobre ioga naquele dia em Irvine.

"Ah, sim. Foi o Michael, não é? Eu estava com muita pressa. Aquilo foi uma confusão."

"Se você não faz ioga, como está em tão boa forma?", Mike perguntou.

"Eu faço musculação."

"Nós gostaríamos de te ensinar ioga enquanto você está aqui", falei.

"Eu gostaria muito."

Eu havia editado um livro com fotografias de hataioga. Foucault o abriu ansiosamente e, apontando para a posição mais difícil, em que é preciso se equilibrar em apenas uma mão com as pernas por cima da cabeça, perguntou, malicioso, com um sorriso largo mostrando os dentes brancos:

"Você faz isso?"

"Ainda não", respondi, humilde. "Mas pretendo."

"Eu reparei no *Dao de jing* na mesa da sala", Foucault continuou. "Vocês se interessam por taoísmo?"

"Sim, já há alguns anos", respondi. "É a filosofia de vida que tento seguir. No fim das contas, o 'caminho' do *Dao De Jing* não equivale ao mesmo cultivo da energia ch'i — aquela que Wilhelm Reich chamou de 'orgônio'? Você estudou Reich, Michel? Você leu seus últimos trabalhos, como *A biopatia do câncer*?"

"Eu não gastei muito tempo com Reich", respondeu, bem austero. "Acho que só li um livro dele."

"Espero que um dia você leia *O éter, deus e o diabo*", eu disse, me sentindo meio bobo por dizer a Michel Foucault o que ele deveria ler. "Fui convencido pelos experimentos de Reich. Consigo sentir o fluxo de orgônio quando estou praticando ioga ou fazendo sexo. As pessoas fazem ioga e leem Lao Tsé na França?", indaguei.

"Nenhum dos dois! A Europa está muito atrás da Califórnia. Tenho a impressão de que a Califórnia se afastou do continente e está flutuando em direção à Ásia. Agora entendo por que as pessoas que vivem aqui, quando viajam para fora, dizem que são mais da Califórnia do que dos Estados Unidos. Ninguém que vive na Pensilvânia diz 'eu sou da Pensilvânia'. A Califórnia e os Estados Unidos não são a mesma coisa."

"Isso é verdade", eu disse. "Antes de vir para a Califórnia, morei no Sul e no Leste. São regiões muito atadas à classe e à tradição. Mas aqui, no sul da Califórnia, é incrível como as pessoas, principalmente os jovens como Michael e seus amigos, vivem sem história, praticamente sem família, pelo menos num sentido tradicional, desterritorializados no sentido de Deleuze, mas mantendo uma reverência profunda pelas montanhas, pelo oceano e pelo deserto."

"Sim", disse Foucault, sorrindo. "É maravilhoso, não é? E você pensa em se mudar para o Leste de novo?"

"Francamente, não."

"Já ouvi outras pessoas dizendo a mesma coisa. Leo Bersani, meu colega em Berkeley, disse que nunca se mudaria e que realmente não consegue deixar a Califórnia."

No caminho para nos juntarmos a Michael na cozinha, Foucault passeou pela sala examinando o herbário. Ele não demonstrou nenhum interesse pelos livros e obras de arte que eu cuidadosamente tinha organizado para fisgar seu olhar.

Enquanto Foucault sentava em silêncio na sala, Mike e eu servíamos um aperitivo.

"Você já tomou Tequila Sunrise?", Michael perguntou.

"Não, mas gostaria de experimentar", Foucault respondeu.

"É bem forte", alertou Mike.

"Estou acostumado com drinques fortes", declarou Foucault, com um sorriso cúmplice. "No Norte da África eles fazem drinques muito potentes, mas confesso que o meu favorito é o Bloody Mary. Você pode me mostrar como faz Tequila Sunrise?"

Enquanto os dois preparavam a bebida, comecei a levar os aperitivos para a sala. Foucault, que de novo resistia em ser servido, quis ajudar.

"O Tequila Sunrise é delicioso, bem exótico, e o sal é uma grande ideia", disse, antes de tomar o segundo e último gole. Deu umas mordidas no queijo boursin e comeu com gosto alguns pedaços de salsicha habilmente espetados, mas nada mais. Ele sempre comia com moderação.

"Você se importa se fumarmos maconha? Um dos alunos de Simeon nos deu um pouco, se você quiser", Mike acrescentou.

"Sim, eu topo um baseado", concordou Foucault.

"Você fuma maconha?", perguntei.

"Tenho fumado há muitos anos, principalmente quando morei no Norte da África, onde eles têm um haxixe maravilhoso."

"E você fuma em Paris?", persisti.

"É difícil achar erva em Paris, mas fumo haxixe sempre que consigo um pouco. Nós estávamos com um bom estoque recentemente, graças a Noam Chomsky."

"Como isso aconteceu?"

"Eu apareci num programa de TV em Amsterdã junto com Chomsky, e depois os patrocinadores me perguntaram que tipo de pagamento eu queria receber. Eu disse que queria um pouco de haxixe, e eles concordaram com o pedido e me deram um bom tanto da coisa. Eu e meus alunos brincamos que é o haxixe do Chomsky, não pelo Chomsky ter alguma coisa a ver com isso, mas porque foi ele o causador de tudo."

"Qual foi a sua impressão do Chomsky?", questionei.

"Ele é um homem muito agradável. Não tivemos muito tempo para conversar. E o moderador fez uma coisa muito estúpida. Ele queria que nós tivéssemos uma discussão, então descreveu Chomsky como esquerdista estadunidense, até como anarquista, e eu como marxista. Um absurdo. Eu não sou marxista, e esses rótulos são ridículos, particularmente aplicados a Chomsky e a mim. Mas, enfim, nosso debate foi bem prazeroso."

"Encontrei Chomsky uma vez", eu disse, "quando ele falou para um pequeno grupo na Dunster House, em Harvard, durante os anos de protesto antiguerra, na década de 1960. Eu o achei incrivelmente honesto, intenso e incisivo ao falar da bobagem de destruir um país com a pretensão de salvá-lo. Você não acha que Chomsky provocou uma revolução no nosso entendimento da linguagem?"

"Com certeza. O que ele nos deu é realmente uma teoria da comunicação. É aí que está o seu legado. Seu interesse pela comunicação."

"E você teve algum problema para levar o haxixe do Chomsky para a França?"

"Não, na verdade."

"E você fuma com seus alunos?"

"Sim. Quase sempre, depois das minhas aulas, nós vamos para algum lugar fumar haxixe e dar risada", respondeu Foucault, e, mudando de assunto, perguntou para Mike: "Você já ouviu alguma música de Jean Barraqué?"

"Não, mas sei que ele é um compositor francês importante."

"Eu organizei alguns poemas de Nietzsche para Barraqué, e ele os usou em um ciclo de canções chamado *Séquence*. Acho que esse ciclo é de 1955, mas começou em 1950."

"Posso confirmar isso", Mike sugeriu, e voltou com um exemplar do livro *Twentieth century music* [Música do século XX], de H. H. Stuckenschmidt. "Você está certo. *Séquence* é de 1950."

"Barraqué e eu vivemos juntos em Paris por três anos", Foucault disse. "Foram anos maravilhosos, e nossa separação foi difícil para mim. Larguei tudo e fui para a Suécia."

"Por que vocês se separaram?", perguntei.

"Alcoolismo", Foucault respondeu. "Ele não conseguia largar. Acho que é por isso que o trabalho de Malcolm Lowry me fascina. Ele é o melhor. Há dois caminhos a seguir: o da intoxicação, com Lowry, e a outra via. Nenhum é necessariamente melhor do que o outro."

"Quando vocês se separaram?"

"Em 1956."

"Então foi pouco tempo depois de você ter publicado seu primeiro livro, aquela tradução de *Sonho e existência*, de Binswanger, com uma introdução sua.[3] Eu conheci esse livro por acaso na Bibliothèque Nationale, há alguns verões."

"Tive mesmo a impressão de te conhecer de algum lugar!", Foucault exclamou. "Acho que te vi lendo por lá, naquele verão. Tenho certeza disso."

3 A introdução à obra do psiquiatra Ludwig Binswanger é o primeiro texto publicado por Michel Foucault, em 1954, quando o pensador francês tinha 28 anos. Há uma versão em português em *Ditos e escritos*, v. 1, *Problematização do sujeito: psicologia, psiquiatria e psicanálise*. Trad. Vera Lucia Avellar Ribeiro. Rio de Janeiro: Forense Universitária, 2010, p. 71. [N.E.]

"É bem possível, mas eu não me lembraria porque estava com a cabeça enterrada nos livros o tempo todo. Nos seus livros, provavelmente", eu disse, rindo. "Que estranho pensar que eu poderia ter te encontrado por lá. De qualquer forma, fiquei muito impressionado com a correlação que você traçou entre a análise dos sonhos e os gêneros literários, nesse seu tratado sobre os sonhos. Fiquei pensando por que você não mencionou mais isso nos seus trabalhos posteriores."

"Não sei por que não desenvolvi essa noção", Foucault disse. "Eu nem me lembro dela."

"Seus primeiros trabalhos têm tantas ideias provocadoras que você nunca desenvolveu. Por exemplo, aquele parágrafo arrebatador sobre loucura e inconsciente coletivo em *História da loucura*. Você comenta que podemos visualizar toda a história da loucura nos movimentos corporais dos indivíduos confinados nos hospitais psiquiátricos. E essa passagem não foi sequer traduzida para a edição em inglês."

"É verdade? Acho que você conhece mais os meus textos do que eu mesmo", Foucault declarou, com um sorriso.

"Eu fico impressionado com as traduções dos seus trabalhos para o inglês, principalmente com as de A.M. Sheridan Smith. O que você acha das traduções dos seus livros?", perguntei.

Foucault se contorceu impaciente, depois respondeu: "Eu não tenho uma opinião sobre esse assunto. Nunca li meus livros!"

"A que horas você costuma escrever?", Mike inquiriu.

"Pela manhã", Foucault respondeu. "Eu trabalho umas cinco horas por dia e reservo o resto do tempo para fazer outras coisas."

Um pouco depois sugeri que Foucault escutasse Michael tocando piano. Ele recebeu a ideia com entusiasmo. Michael sentou-se ao seu piano de cauda Yamaha e nos mostrou uma versão vibrante da *Décima Sonata*, de Scriabin, um trabalho de pura feitiçaria. Assim que ele terminou, Foucault, que tinha ouvido atentamente, agradeceu com muita eloquência.

"Muito, muito bonito", disse. "Me fez lembrar da noite em que conheci Boulez. Era um recital de Scriabin em Paris. Éramos dois estudantes na época, e eu o vi sozinho no fundo da sala. Perguntei ao meu colega se ele conhecia aquele rapaz tão atraente. Então ele nos apresentou e começamos a nos ver com frequência."

Enquanto Foucault e Michael seguiam conversando sobre Boulez e música contemporânea, eu trouxe um pouco de café e preparei o cachimbo para darmos uns tragos. Assim que o passei a Foucault, perguntei se ele conhecia o Don Juan dos livros de Carlos Castaneda, o professor de antropologia da Universidade da Califórnia em Los Angeles que chocou a academia com a história de um xamã que usava maconha e peiote em suas viagens visionárias.

"Eu li só o primeiro livro, mas sinceramente não me lembro muito", respondeu.

"Outro livro saído do México e que me interessa é o *Sociedade sem escolas*, do Ivan Illich. Você conhece?", perguntei.

"Sim, também tenho esse livro em ótima conta. Illich é um homem com uma grande ideia. Vejo que você tem aqui *Proust e os signos*, de Deleuze. O que achou dele?"

"Eu considero o melhor livro que já li sobre Proust."

"Concordo totalmente, é o melhor."

"Você tem lido Proust ultimamente, Michel?"

"Sim, um pouco por acaso", ele replicou. "No alojamento estudantil em que eu fiquei quando cheguei a Berkeley, havia uma cópia de *O tempo recuperado* e acabei lendo."

"E teve alguma impressão diferente?", perguntei.

"É um livro muito inteligente."

Depois de passear seu olhar pela mesa de centro cheia dos livros que organizei para fisgar sua atenção, Foucault pegou uma edição de *Laços*, de R. D. Laing. "Gosto muito desse", revelou, como se soubesse que eu tinha colocado o livro ali apenas para impressioná-lo e começar uma conversa. "É o melhor de Laing — seu melhor livro teórico", Foucault disse, enfatizando a palavra *teórico*.

"Você continua lendo livros sobre loucura e civilização, como Erving Goffman, Ken Kesey e aquele renegado do Szasz, por exemplo?", perguntei.

"Recentemente li um livro muito interessante de um italiano sobre as relações entre os manicômios e o poder político."

Contei a Foucault que *História da loucura* tinha sido bem impactante para mim. "Mudou a minha vida, mas demorou demais para causar algum impacto aqui nos Estados Unidos."

"Para ser sincero", Foucault disse, "eu mandei o manuscrito para cinco editoras em Paris antes de encontrar uma que o publicasse. E mesmo assim só consegui a publicação porque um amigo meu conversou com os editores da Pion, que o publicaram, mas nem sequer leram o trabalho. Todas as outras editoras disseram que era um livro insano — ininteligível, verborrágico e impossível de ser vendido. Recebi apenas uns mil dólares de royalties. O contrato não era muito justo. Mas hoje em dia já é um livro velho."

Mike estava ficando inquieto. Ele se aproximou do aparelho de som, e eu me lembrei de que no carro Foucault tinha pedido para ouvir um pouco de sua música. Com a anuência dele, ouvimos *Homage to Mizoguchi*, uma fantasia de sons eletrônicos, sinos dos ventos e palavras japonesas faladas por Michael e moduladas mecanicamente para produzir ecos estranhos e sobrepostos. O trabalho era inspirado no filme *O intendente Sansho*, de Mizoguchi. A composição incluía vozes de uma telenovela japonesa e terminava com um grupo de homens japoneses cantando *You are my sunshine* em inglês. Isso fez Foucault rir.

"É como uma peça de teatro nô", Foucault disse. "Você capturou a essência de uma peça nô. Gostei muito. Já foi para o Japão, Michael?"

"Não, mas com certeza gostaria muito."

"É estranho estar em um lugar onde você não consegue ler nem mesmo as placas de trânsito. Tudo muito confuso. E em Paris? Você já esteve?"

"Não", Mike respondeu.

"Bom, para mim seria um prazer fazer contatos para você estudar com Boulez em Paris. Você tem interesse?"

"Claro. Só preciso combinar com Simeon. Talvez nós dois pudéssemos ir a Paris."

"Você e Simeon são bem-vindos para ficar comigo quando quiserem."

Fiquei tão honrado em receber esse convite que confessei a Foucault que me considerava um dos seus discípulos, mesmo sabendo que ele provavelmente não gostaria do termo. Acho que minha educação batista do Sul às vezes ainda afetava meu jeito de falar. Sem responder, Foucault apenas me encarou com um olhar gelado.

VIAGEM AO VALE DA MORTE

Tomamos café da manhã com o dia nascendo e depois dirigimos com cuidado pelas ruas poluídas de Claremont. Eu mencionei que alguns dos habitantes locais, possivelmente para valorizar suas propriedades, chamavam aquela poluição de "neblina", alegando que os indígenas originários já se referiam à região como "Vale da Neblina". Comentei que, durante o verão e o outono, a poluição era tão densa que o prefeito de Riverside, uma cidade próxima, havia sugerido a construção de ventiladores gigantes para tentar soprá-la de volta para Claremont.

"A gente tenta fugir da poluição o máximo possível, indo para as montanhas ou para o deserto", Mike disse, "longe da correria e dos conflitos da humanidade."

"Nós preparamos algo especial para você tomar no deserto", exclamei.

"E o que é?", Foucault perguntou, arregalando os olhos.

"Nós trouxemos um poderoso elixir, uma espécie de pedra filosofal. Pensamos que você poderia gostar de uma viagem visionária pelo Vale da Morte."

Aquela paisagem, por si só, já é suficiente para provocar efeitos mágicos. Uma espécie de Shangri-La, protegida das ondas eletromagnéticas e de outros tipos de poluição.

"Eu gostaria muito", Foucault respondeu, sem nenhuma hesitação. "Mal posso esperar."

Mike e eu sorrimos maliciosamente um para o outro enquanto eu acelerava na entrada da Rota 10, que nos levaria para San Bernardino, onde pegamos a rodovia para o Vale da Morte.

"Você costuma ir ao cinema e ao teatro?", perguntei a Foucault.

"Ao teatro, nunca. Eu perdi completamente o interesse no teatro, mas gosto muito de filmes. Aliás, agora estou envolvido na produção de um filme baseado em um livro que organizei recentemente, chamado *Pierre Rivière.*"

"Eu li esse livro. Fiquei impressionado principalmente com a autobiografia do garoto e com o seu ensaio sobre o assassinato. Mas não me interessei muito pelos ensaios dos seus alunos."

"Nem eu."

"Você está escrevendo o roteiro do filme?"

"Sim. Recentemente trabalhei com o diretor procurando um rapaz sem nenhuma experiência em atuação para ser o protagonista, alguém do interior."

"Como em *Lacombe Lucien,* de Louis Malle?"

"Sim, exatamente. Nós encontramos o garoto certo, e eu fiquei muito feliz com a nossa escolha. Acho que a pré-produção do filme vai demorar bastante, mas estou gostando imensamente desse trabalho."

"Fora Antonioni, acho que meu cineasta contemporâneo preferido é Jean-Luc Godard. Você o conhece?"

"Sim, conheço. Você sabe, ele mudou muito depois que sofreu um acidente de moto. Ele se tornou amargo e difícil. Por acaso eu estava bem atrás de Godard, em meu carro, quando o acidente aconteceu. Ele ficou prensado entre dois automóveis, e um lado do seu corpo ficou totalmente esfolado."

"Muito irônico isso acontecer depois de *Week-end à Francesa*, que acho que foi um pouco inspirado por seu horror a carros. Pelo que li, sua mãe e sua primeira esposa morreram em acidentes de carro."

"Eu não sabia disso."

"Uma vez encontrei Godard na gloriosa Claremont", continuei. "Eu contei a ele o quanto gostava de *O desprezo*, com Brigitte Bardot e Jack Palance. 'Eu não gosto nem um pouco. Não é político o suficiente', ele me disse, sem cerimônias. Godard me contou que ele ainda não era marxista quando fez *O desprezo*, mas que pelo menos ele podia vislumbrar no filme sua iminente conversão ao marxismo."

"O Godard é uma vadia política!", Foucault exclamou, rispidamente.

"E rude", acrescentei. "Quando ele estava indo embora do jantar, confrontou o anfitrião: 'Por que vocês, americanos, sempre apertam as mãos? Por que não tentam logo outra coisa, como agarrar a minha coxa ou cuspir?'. Mas, honestamente, não acho que as coxas do Godard valham uma apertada."

Passamos pela cidade de Chino. Contei a Foucault sobre a prisão de segurança mínima que havia ali, a chamada "prisão modelo".

"Eu conheço suas ideias sobre a função das prisões na nossa sociedade", falei. "Você não criou um mecanismo para os prisioneiros franceses se corresponderem entre si e escreverem sobre suas vidas e queixas? Um amigo parisiense me contou, há alguns anos, que o trabalho que você fez a favor dos prisioneiros franceses te transformou numa celebridade para o público em geral, e que você chegou até a aparecer em revistas femininas falando desse assunto."

"Não soube dessas revistas femininas", Foucault disse, "mas, às vezes, me sinto como uma vedete. Mas, enfim, eu estava envolvido com o Groupe d'Information sur les Prisons [Grupo de informação sobre as prisões], que não era reformista no sentido de que não tínhamos nenhum tipo de proposta para uma prisão ideal, mas queríamos facilitar que os prisioneiros falassem por si próprios sobre o que é intolerável no sistema. A gente criou um boletim informativo, que era escrito e editado pelos prisioneiros, mas tivemos grandes dificuldades de publicá-lo, e hoje ele não existe mais."

"Eu li suas impressões sobre Attica,[4] que você visitou durante o levante e o massacre dos prisioneiros, e nesse artigo você dizia que as prisões norte-americanas são diferentes das francesas."

4 Referência à rebelião ocorrida no presídio de Attica, cidade do estado de Nova York, nos Estados Unidos, em 1971, que provocou a morte de 43 pessoas. [N.E.]

"Na verdade", Foucault disse, "eu nunca entrei em uma prisão francesa. As autoridades nunca permitiram. Você já leu *Soledad brother*, as cartas da prisão de George Jackson? Eu fiquei muito impactado por elas. Genet, Deleuze e eu recentemente colaboramos com uma introdução para a edição francesa das cartas."[5]

Confessei que não tinha lido as cartas, mas disse que recentemente havia encontrado *May day speech*, de Genet, fuçando na livraria City Lights, em San Francisco. "Genet certamente assumiu uma posição forte em defesa dos Panteras Negras", eu disse.

"Genet anda muito interessado nos Panteras Negras", Foucault continuou. "Aconteceu uma coisa estranha logo depois que publicamos as cartas de Jackson. Genet ficou sabendo que o assassinato de Jackson havia sido uma ação interna, ele foi vítima de uma rixa dentro do próprio grupo."

"Você sempre encontra Genet e Deleuze?", perguntei.

"Sim, sempre. Eu e Genet somos muito próximos. Você sabe, ele é muito arredio. Em toda cidade em que Genet vive, ele sempre se instala perto de uma estação de trem e deixa sempre as malas prontas. Ele diz que é um hábito. Ele precisa sentir que pode fugir rapidamente. Uma vez, eu estava andando com Genet e Deleuze perto do Palais-Royal.

5 O texto "Sobre a prisão de Attica" e o prefácio às cartas de George Jackson estão em *Ditos e escritos*, v. 4, *Estratégia, poder-saber*. Rio de Janeiro: Forense Universitária, 2006, p. 133, 147.

Uma mulher nos abordou de repente e disse, apontando para ele: 'Você não é Jean Genet?'. Genet se virou para nós e disse, exasperado: 'Por que eles sempre *me* reconhecem?'"

"Eu fico curioso para saber o que Genet achou da biografia que Sartre fez dele", Michael falou quando terminamos de rir da anedota anterior.

"Genet disse que é um ótimo livro", Foucault respondeu, mostrando os dentes brancos, que pareciam lustrados, "mas que Sartre não entendeu *nada* sobre ele, nem uma mínima coisa."

O comentário gerou outra rodada de risadas.

"Depois que li o livro revolucionário de Deleuze e Guattari sobre capitalismo e esquizofrenia", continuei, "fiquei me perguntando se Deleuze é uma pessoa excêntrica."

"Na verdade, você não acharia Deleuze tão incomum", Foucault respondeu. "Ele tem uma aparência completamente convencional. É casado e tem dois filhos."

"Como Guattari e Deleuze se conheceram?"

"Através de seus estudos de filosofia, Deleuze acabou se interessando pela esquizofrenia. Ele procurou em Paris alguém que pudesse falar mais sobre o assunto para ele. Um amigo sugeriu Guattari, que na época estava dirigindo um abrigo para doentes mentais no sul da França."

Michael nos serviu um pouco de café irlandês que havia trazido em sua garrafa térmica japonesa.

"Estou muito surpreso por você nunca ter experimentado psicodélicos", Mike disse para Foucault. "Os melhores tipos não estão na Europa? Afinal, o LSD foi descoberto por Albert Hofmann na Suíça poucas semanas depois de a bomba atômica ter sido inventada. Uma conjuntura importante."

"Eu já tive algumas oportunidades, mas nunca tomei", Foucault respondeu. "Meu namorado sempre recusou, e eu não insisti."

"Pensei", eu disse, interrompendo, "que R.D. Laing pudesse ter te encorajado a experimentar estados alterados de consciência. Mas isso partindo do pressuposto de que você e Laing são amigos. Achei que deviam se conhecer, já que alguns dos seus livros foram publicados em inglês na coleção organizada por ele."

"Não. Na verdade, nunca encontrei Laing. Foi David Cooper, amigo e colega de Laing, que negociou os detalhes da publicação em inglês."

"Como Cooper conheceu *História da loucura*?"

"Cooper e Laing foram muito influenciados pelos escritos de Sartre, e Cooper continuou a estudar profundamente textos franceses de filosofia e psicologia. Ele encontrou por acaso um livro meu em Paris e logo em seguida me perguntou se poderia publicá-lo em inglês. Eu concordei, e esse foi o começo da nossa amizade."

"Você ainda se encontra com Cooper?"

"Agora Cooper está morando em Paris e foi jantar na minha casa logo depois que chegou à cidade. Ele estava infeliz, completamente perdido. Ele não trabalha mais com Laing. Deu uma palestra em Paris pouco tempo atrás. Eu não fui, mas soube que ele lamentou que Laing tenha regredido para as teorias clássicas da psicologia e abandonado o trabalho que estavam fazendo juntos."

"Eu gostei do título que eles deram para a edição em inglês de *As palavras e as coisas*. Mas por que você quis alterar?"

"Já existiam alguns livros em inglês com o nome *Words and things*. Na verdade, prefiro muito mais *The order of things*. Eu realmente queria que a edição original francesa tivesse esse título, mas eles acharam que *L'ordre des choses* soaria muito como um livro de biologia, algo sobre a classificação das espécies."

À distância, avistamos admirados o impressionante viaduto de quatro pistas que estava à nossa frente na *freeway*. Foucault comentou sobre a ferocidade da poluição e nos disse que o ar em Paris também era ruim, mas nada comparado àquilo.

Depois de um breve intervalo em silêncio, perguntei a Foucault se ele tinha gostado do ano que passou dando aulas em Vincennes. Eu sabia que, naquela época, Vincennes era um núcleo radical da Universidade de Paris.

"Eu detestei", ele disse. "Toda a estrutura era um tédio, uma chatice. Havia tantas garotas! Eu odiei ter que ler todos aqueles pequenos ensaios, um ritual acadêmico que particularmente não suporto. Fiquei feliz de cair fora de lá."

Expressei a ele minha própria frustração quanto ao formato tradicional de educação, e lhe contei como me via prejudicado por trabalhar em uma faculdade dominada por uma mentalidade "reaganoide" e por uma religiosidade doentia. Revelei que me sentia culpado por receber fundos federais para o meu Programa de Estudos Europeus sob o atual governo.

"Entendo bem como você se sente", ele disse. "Também entendo sua submissão à realidade financeira da educação na nossa sociedade. Eu tenho sido duramente criticado por esquerdistas franceses por lecionar no Collège de France, que é financiado pelo Estado, e por trabalhar para arranjar dinheiro e vagas para meus estudantes. Mas o que mais podemos fazer? Os estudantes precisam sobreviver."

"Você vota, Michel?"

"Sim, eu voto, e também sou criticado pela esquerda por isso. Eu votei em Miterrand, e alguns esquerdistas me disseram que nós precisávamos era de uma revolução, e que eu não deveria perder tempo com a política eleitoral. Eu disse a eles: 'Vocês têm realmente certeza que querem uma revolução?'"

"Eu entendo o que você está dizendo. Você não acha incrível como tantos líderes de Estado e burocratas dos países ocidentais são parecidos entre si? Não é deprimente?"

"Sim, eu noto as semelhanças."

"Eu venho ensinando meu irmão, David, que é advogado, sobre seu trabalho, Michel. Espero que gente como ele, e todos os que estudam o seu trabalho, reformem as nossas instituições", eu disse.

"*Reforma*?", Foucault deixou escapar, com ímpeto. Sua entonação estava tão cheia de repulsa que fiquei atordoado. Depois Foucault me mandou uma edição francesa de *Vigiar e punir* que eu deixava à mostra em minha casa em uma espécie de prisão em miniatura, o que ele achava engraçado. Foi apenas então que entendi como a Sociedade Disciplinar — o termo de Foucault para a moderna civilização ocidental — renova a si mesma continuamente através de "reformas". No final do século XVIII, a Sociedade Disciplinar nasceu sob o signo da reforma. Com a justificativa de reformar a prisão, foram instituídos novos modelos prisionais muito mais cruéis e nocivos.

Eu estava um tagarela. Dei uma trégua em minhas perguntas fazendo referência à frase de Heidegger, "a disciplina de se manter o silêncio". Foucault reconheceu a frase e ficou visivelmente aliviado quando eu a invoquei. Com minha expressão e tom de voz, deixei implícito que tentaria ser disciplinado mesmo sendo difícil para mim manter silêncio em sua presença. Havia tanta coisa que eu queria saber dele e sobre ele...

Não demorou muito para eu transgredir nosso acordo:

"Você lembra dos seus sonhos, Michel?", perguntei, esperando que ele falasse de seu livro sobre a interpretação dos sonhos.[6]

"Não, não lembro", ele lamentou. "Eu tento lembrar, mas, depois de alguns minutos acordado, eles escapam da minha mente. Você lembra dos seus, Simeon?"

"Ah, sim, são quase vívidos demais. Ultimamente tenho sonhado com a cena *leather* gay de San Francisco."

"Claro que você sonha", ele comentou, num tom estranho, como se dissesse que seria melhor estar na cena do que sonhar com ela.

Depois de dirigir silenciosamente por quinze minutos entre as montanhas ressecadas, uma vez mais minha disciplina fraquejou:

"Michel, você é próximo de Lévi-Strauss no Collège de France? Fiquei indignado quando ele cancelou o próprio seminário depois que os estudantes protestaram contra a entrada dele na Académie Française. Quando eu li o discurso pomposo que ele fez na Académie sobre a necessidade das instituições tradicionais, fiquei ainda mais abismado."

6 Referência à obra de Binswanger, já mencionada na nota 3. Para além desse livro, Foucault abordaria os sonhos de maneira dispersa em obras posteriores, como *História da loucura* e *História da sexualidade* (volumes 3 e 4). [N.E.]

"Lévi-Strauss é um homem muito conservador", Foucault declarou. "E às vezes ele se comporta muito mal. Ele escreve muitos livros, e isso o deixa enclausurado nos seus estudos. Por isso, ele não conhece o mundo. Os intelectuais cometem um grande erro quando querem escrever e publicar tudo o que têm a dizer. Deveríamos escrever apenas alguns bons livros e deixar nossos estudantes completarem as tarefas que começamos. Do contrário, os acadêmicos passam muito pouco tempo no mundo, não conseguem conhecer o mundo."

"Lévi-Strauss leu os seus trabalhos?"

"Acho que sim. Uma vez ele me disse que, pela vida que levava, não conseguia entender o que eu estava fazendo. Ele disse que se sentia completamente confuso com meus livros."

"Eu também fiquei confuso com uma coisa que você escreveu. Foi um artigo que você fez sobre o *Tel Quel*, de Robbe-Grillet, e sobre o novo romance francês. Achei quase superficial."[7]

"Francamente, eu concordo com você. De alguma maneira, era superficial mesmo. Escrevi o artigo no

7 *Tel Quel* foi um grupo de escritores de vanguarda e uma revista literária francesa publicada entre as décadas de 1960 e 1980. Foucault colaborou com alguns números da revista em sua primeira fase, mas rapidamente se afastou. O artigo ao qual Wade se refere é "Distância, aspecto, origem", em *Ditos e escritos*, v. 3, *Estética: literatura e pintura, música e cinema*. Trad. Inês Autran Dourado Barbosa. Rio de Janeiro: Forense Universitária, 2009, p. 60–74. [N.E.]

começo dos anos 1960, quando *Tel Quel* e o romance experimental precisavam de apoio. Eu submeti o ensaio como um favor ao grupo do *Tel Quel*, como um sinal de solidariedade ao esforço de criar estilos e formas novas. Mas Philippe Sollers e seu círculo *pensam* que irão mudar o mundo com livros!", Foucault concluiu, retumbante.

"Quais romancistas mais te impactaram?", perguntei.

"Malcolm Lowry", Foucault rebateu rápido. "*Debaixo do vulcão*. Faulkner também, e Thomas Mann me influenciou muito quando eu era estudante em Paris. Mas Faulkner é o mais importante. Alguns anos atrás, eu e meu namorado fizemos uma viagem pelos lugares do interior dos Estados Unidos que Faulkner retratou em seus livros. Começamos em Nova Orleans e cruzamos as regiões crioulas até chegar à área do Mississipi pré-guerra. Fomos apenas até Natchez. Nossa ideia era ir até Oxford, a cidade de Faulkner, mas era muito longe e não tivemos tempo."

"Estranho, você nunca menciona esses caras nos seus livros."

"Eu nunca menciono as pessoas que mais me impactaram", Foucault disse, ironicamente. "Você conhece o romance do Jean-Antoine...?" — não lembro o nome completo que Foucault me falou e fiquei envergonhado demais para admitir quando o encontrei em outras ocasiões.

"Não conheço."

"É um romance autobiográfico maravilhoso escrito por um jovem de vinte e poucos anos. Ele começou a escrever quando tinha dezesseis e trabalhou em total isolamento por cinco anos. Em um Natal, alguns anos atrás, eu e meu namorado estávamos vendo TV quando o telefone tocou e uma voz desconhecida me perguntou se eu poderia ler um romance inédito. Eu convidei o autor para ir ao meu flat naquela tarde e nós ficamos amigos. Fiz alguns contatos para publicar o trabalho."

Nossa conversa foi abruptamente interrompida pela visão de enormes pedras amontoadas, parecendo icebergs esmagados contra uma ilha. As paisagens pontiagudas que atravessávamos me lembraram o quadro *O Mar de Gelo*, de Caspar David Friedrich. Foucault tomou nota da minha comparação. A oeste, as montanhas inclinavam seus flancos acolchoados em direção ao sol da manhã.

Mike acordou de sua soneca e iniciou uma nova rodada de café e cachimbo. "Você visitou os bares atrevidos da Rua Folsom quando estava em San Francisco?", perguntou a Michel.

"Claro", Foucault respondeu com um sorriso de abóbora de Halloween.

"Até o Barrack?", Michael replicou.

"Sim. Que lugar pesado! Nunca tinha visto uma exibição tão escancarada de sexualidade em um bar."

"Você tem a parafernália *leather* — viseira de couro, calça *chap*, grampo de mamilo e afins?", Mike perguntou.

"Ah, mas com certeza", respondeu, com mais um sorriso cúmplice.

"E o Cabaret?", perguntei, referindo-me a um dos bares gays mais dançantes de North Beach.

"Fiquei algumas horas por lá uma noite. Tantos rapazes jovens curtindo, tão despreocupados e alegres. Não há nada comparável a isso na França. Não há sequer lugares onde os gays possam se encontrar e dançar em público. Na França a cena dos bares ainda é meio clandestina e pouco convidativa. A cena também pode ser muito parecida com uma prisão para os gays. Tudo muito forçado e anônimo, muito confinado."

"E as saunas em San Francisco?", Mike continuou.

"Sim, eu também fui às saunas. Uma noite conheci um rapaz bonito que me disse que ele e seus amigos frequentavam as saunas vários dias por semana, normalmente usando estimulantes e Amyl.[8] Para mim, um estilo de vida assim é extraordinário, inacreditável. Esses homens vivem de sexo casual e drogas. Incrível! Não existem lugares assim na França."

8 O nitrato de amila é um dos componentes mais comuns do que hoje se conhece como *poppers*, uma droga inalante, com um efeito pouco duradouro que remete de alguma forma ao lança-perfume. Os *poppers* são bastante utilizados na cena de música eletrônica e pelo público LGBTQIA+, muitas vezes com fins sexuais. A droga também é comum no contexto sadomasoquista, já que tem como efeito certa tolerância à dor. Com venda permitida em alguns países, é proibido no Brasil. [N.E.]

"Eu e Simeon nos conhecemos numa sauna", Mike contou a Foucault. Todos rimos do absurdo que isso parecia. "No Third Street Athletic Club", Mike acrescentou. "Conversamos por horas num dos cubículos escuros e transamos antes mesmo de ver a cara um do outro. Estávamos num quartinho e quebramos o tabu que era conversar ali. Para piorar, a gente falou sobre música. Chopin e Rachmaninoff, Pollini e Michelangeli. Simeon também é pianista, né? A gente não se aguentava. Chegou uma hora em que todo mundo no quarto acabou saindo dos seus cantinhos escuros e foi embora bufando."

"Maravilhoso", Foucault comentou, gargalhando. "Quando foi isso?"

"Um pouco antes do último dia de Ação de Graças", disse Mike. "Glu, glu, glu", brincou enquanto ríamos ainda mais.

"Eu tenho pensado em uma coisa desde que ouvi sua palestra sobre masturbação em Irvine", Mike continuou. "Você se masturba?"

"É claro, Michael", Foucault disse, sem hesitação.

"Provavelmente não tanto quanto Simeon", Mike acrescentou.

"Olha quem fala", intervim.

"Você não acha que perdemos tempo demais com nossos paus?", Mike perguntou, como se estivesse reclamando.

"Não tem problema, se você estiver com tempo livre", Foucault falou sério, e então riu como se fôssemos crianças brincando de médico no banco de trás do carro. A luz do deserto estava ficando intensa, então eu lhe emprestei uns óculos de sol espelhados, com uma armação branca. Eu disse que ele estava parecendo o filho do Kojak com o Elton John. Michel achou o máximo.

Perguntei se ele era parente do Foucault citado por Freud na bibliografia de *A interpretação dos sonhos*, ou do Foucault que havia aperfeiçoado o pêndulo.

"Não", ele respondeu. "Eu odiava meu pai. Ele era médico, mas não tinha nada a ver com a pessoa que Freud citou. Foucault é um nome bem comum na França, como Smith nos Estados Unidos."

"Como você era na infância, Michel? Você era precoce, passava o tempo todo estudando e impressionando seus professores?"

"Não mesmo. Eu passava a maior parte do tempo 'atrás do celeiro', para usar uma expressão americana. Eu era o que se costuma chamar de delinquente juvenil. Meu pai me vigiava e punia. Ele me tirou da escola pública e me colocou na escola católica mais rígida que conseguiu encontrar. Meu pai era um tirano."

"E sua mãe?", Michael perguntou.

"Eu passo três semanas por ano com a minha mãe, sem faltar nenhum", Michel respondeu. "Geralmente no verão."

"Você tem irmãs e irmãos?", continuei.

"Um de cada."

"Você passa muito tempo com o seu irmão?"

"Não. Falo com ele uma ou duas vezes por mês."

Chegamos a Green Acres, uma cidadezinha desértica que parece ter saltado do seriado *Além da Imaginação*. Michael interrompeu nossa conversa com uma urgência polida: "*S'il vous plaît, un moment, j'entends l'appel de la Nature*". Foucault caiu na gargalhada com o francês brincalhão de Michael aliviando o nosso papo pesado.

Descemos do carro em pleno calor luminoso do meio-dia. O ar do deserto estava parado e quente como as cinzas do cachimbo, que aliás Mike havia dispensado ao ver um policial conversando com o frentista do posto de gasolina. Refrescamos o rosto com água gelada e bebemos o suco de laranja que estava na caixa térmica no porta-malas. Quando estávamos prontos para sair, Michel insistiu em voltar para o banco de trás, onde, com seus novos óculos de sol, ele parecia uma criatura do espaço sideral. Sentou-se calado, olhando atentamente para o horizonte desértico enquanto Mike e eu conversávamos animados sobre *Stimmung*, de Stockhausen.

Decidimos fazer um piquenique aproveitando a ampla vista do Vale do Panamint, o vizinho mais próximo do Vale da Morte, a poucas horas de distância. Em Olancha, viramos à direita na Rota 190 e cruzamos a solidão do Lago Owens. Ao chegar na Panamint Range, serpenteamos por uma estrada castigada que levava ao Father Crowley Point, de onde se enxergava a parte norte do Vale do Panamint. De lá podíamos ver o lugar onde a família Mason viveu e declarou guerra contra as escavadeiras que, na visão deles, estavam destruindo a paisagem.

Estendemos uma toalha no centro de uma escarpa circular, que era acolhedora como um ninho de águia, pendurada sobre um leito rochoso a cinco mil pés de altura. Sem receio, Foucault se aproximou da beira do abismo para contemplar o vento e a vastidão de pedras. Logo abaixo dele, a rodovia espiralava até o amplo vale como se fosse uma dupla hélice pintada na encosta. Foucault ficou petrificado, paralisado com o colossal fluxo de rochas que vinha do nordeste para dentro do vale. Eu dei a ele algumas pedrinhas coloridas, como um tipo de lembrança do Panamint. Foucault colocou as pedras no painel do carro e as esqueceu ali.

Por fim nos sentamos de pernas cruzadas sob o sol do verão. Mike ficou preocupado que a falta de cabelo de Foucault pudesse provocar uma insolação, mas Michel assegurou que estava tudo bem. Mike perguntou por que ele raspava a cabeça, e ele respondeu rindo que tinha perdido tanto cabelo que pensou: "Ah, que se dane, é melhor cortar tudo de uma vez". Comemos antepasto, palmito e um pão de fermentação natural. Os olhos de Foucault cintilaram de aprovação ao vinho californiano e depois percorreram o vale como um *indian scout*.[9] Como de costume, ele comeu com moderação.

9 "*Indian scout*" era um soldado, geralmente indígena, destacado pelo exército dos EUA para atuar como guia ou vigia em ambientes naturais, de fronteira. A prática foi comum entre o século XVIII e meados do XX. [N.E.]

Enquanto voltávamos para o carro pelo terreno acidentado, Foucault me perguntou se eu conhecia o trabalho de Mark Tobey. Eu disse que gostava muito.

"Por muitos anos, eu quis ter um quadro dele", me disse. "Por fim, com os royalties de *As palavras e as coisas* consegui comprar uma de suas pinturas. Uma toda branca. Está pendurada no meu apartamento em Paris."

"Você ganhou muito dinheiro com seus livros?", perguntei, com franqueza.

"Não muito. Não ganhei muito dinheiro na vida."

A brancura cintilante do vale me lembrou as cenas de abertura de *Profissão: repórter*, de Antonioni. Foucault disse que não tinha visto o filme.

Continuei dizendo que outro filme de Antonioni, *Zabriskie Point*, a que assisti em Londres em 1970, foi o que me fez querer visitar a Califórnia pela primeira vez. Até então, da minha perspectiva harvardiana, a Califórnia parecia uma ameaça à civilização. Foucault disse que havia assistido ao filme, mas apenas na televisão francesa.

"A tela pequena e a transmissão ruim diminuíram o impacto", ele adicionou. "Para ser sincero, quase não me lembro dele."

"Agora você vai ver a coisa de verdade, e sob condições peculiares. Provavelmente vai querer rever o filme."

"Eu pretendo."

Tirei uma foto do Sol. Comentei que, em uma entrevista, Picasso disse que sempre olhava diretamente para o Sol quando era criança na Catalunha. Foucault não conhecia essa anedota e demonstrou ter gostado quando lhe contei. Ele sempre ficava muito feliz quando alguém dizia algo que ele considerava útil ou interessante.

Entramos na etapa final de nosso trajeto ao Vale da Morte, onde faríamos uma viagem ao centro da Terra. Lentamente dirigimos ao topo do Towne Pass, a 1.500 metros de altitude. Paramos por um instante e contemplamos a enorme parábola que a terra fazia diante de nós. À nossa esquerda, uma gigantesca massa de ardósia e calcário se dividia em duas enormes cordilheiras, as montanhas de Grapevines e de Cottonwoods, e mais abaixo se formavam as dunas de areia de Mesquite Flat. O Vale da Morte estava cravado na terra como um plexo solar cercado pelas Black Mountains no horizonte distante e pelas cristas irregulares do Panamint à nossa direita.

Enquanto descíamos pelo caminho estreito e asfaltado, comentei com Foucault que essa era apenas a minha terceira visita ao Vale da Morte e que, mesmo assim, eu me sentia como se estivesse voltando para os fundamentos do meu subconsciente. "Mística" foi a única palavra que pude encontrar para descrever a minha experiência ali. Mike concordou comigo.

Chegando ao fundo do vale no meio da tarde, cruzamos o povoado de Stovepipe Wells. Depois do vilarejo, passamos pelo começo das dunas de areia que se prolongavam pelo vale. Aceleramos pelo Devil's Cornfield, uma plantação de *arrow-weed*, erva que os indígenas da região fumavam como tranquilizante. Seguimos pela Rota 190, e uma curva brusca à direita nos levou para sudoeste passando pelo centro do vale, exatamente ao nível do mar. Após algumas milhas, avistamos os rochedos formando colunas ao redor de um pequeno lago. Um peixe ancestral, o cyprinodon, vive ali — fósseis vivos de um milhão de anos. Acredita-se que eles sejam descendentes dos peixes de um grande lago que existia entre essas montanhas no fim da última era glacial.

Algumas milhas adiante, vislumbramos um bosque de palmeiras, brilhando como uma miragem. Ele circundava o rancho Furnace Creek, um resort localizado em um oásis. Fazia 46°C enquanto dirigíamos pelos abundantes arbustos de oleandro em plena floração. Depois de fazer o *check-in* em nosso quarto, decidimos descansar por uma hora no ar-condicionado. Michel tirou um cochilo enquanto Michael e eu folheamos *Lib women* [Mulheres libertárias], um livro de Honoré Daumier que Foucault nos trouxe de San Francisco.

A PALETA DO ARTISTA

Refrescados, seguimos para o Artist's Palette, um leque aluvial que fica na base de um cânion, a cerca de dez quilômetros ao sul do rancho Furnace Creek. Virando à esquerda na Artist's Drive, atravessamos um corredor estreito entre rochas enormes até chegarmos a um mirante com vista para um arco-íris de minérios pré-cambrianos oxidados por milênios e espalhados em colinas sobre o cânion. Algumas das colinas são pequenas o bastante para se brincar de Rei da Montanha,[10] enquanto outras, quando escaladas, dão uma visão de todo o vale. Tudo em volta estava deserto. Pegamos o caminho rodeado por arbustos de atríplex. Lagartixas-leopardo saltitavam desordenadamente. Michael sacou a poção mágica, observado atentamente por Foucault. Em minha mente ressoavam as cordas do Liebesnacht de *Tristão e Isolda*.

Foucault parecia incomodado e se afastou com um semblante sério. Michael e eu conversamos sobre seu estado de espírito. Nós dois sabíamos que a poção tomada sob qualquer tipo de coação pode perturbar os relutantes. Com certeza não gostaríamos de forçar

10 "*King of the Mountain*", no original, brincadeira de criança em que um participante precisa ficar no topo de uma elevação enquanto os outros tentam removê-lo, geralmente através de empurrões. [N.E.]

Michel a nada. Foucault voltou logo depois e, com olhos curiosos, disse que queria tomar apenas metade de uma dose, já que aquela era sua primeira experiência com uma poção tão poderosa. Eu peguei Michel pelo braço e caminhamos juntos para desanuviar. Compreendi sua ansiedade, mas deixei claro que o impacto da viagem diminuiria consideravelmente se ele tomasse menos do que a quantidade indicada. Ele ponderou minhas palavras por um tempo, então abruptamente caminhou de volta até Michael e perguntou qual seria a melhor maneira de tomar.

Seguindo nossas instruções, ele lambeu a ponta do dedo e pressionou a substância em seus dentes inferiores, com um gole seco e audível. Então, lado a lado, nós três caminhamos mais fundo na Artist's Palette, que àquela hora refletia os raios do sol poente como o mosaico de uma tumba iluminada pela tocha de um arqueólogo. Enquanto descíamos em direção ao fundo do cânion, Foucault ficou circunspecto e em silêncio. Michael carregava sua pequena bolsa preta com apetrechos para garantir uma viagem suave. Seguros no fundo do cânion, seguimos nosso caminho por uma passagem estreita cercada de rochas maciças que se projetavam sobre nós como um telhado.

"Quanto tempo demora para a poção fazer efeito?", Michel perguntou.

"De vinte a trinta minutos", Michael respondeu. "Mas nós vamos acelerar isso com maconha e licor."

Chegamos a uma fenda aberta entre um cortejo de colinas laranjas e roxas. Sentamos no cascalho macio. Michael acendeu seu cachimbo. Ele garantiu a Foucault que alguns tragos facilitariam sua jornada rumo a uma consciência superior. Em seguida, Michael abriu sua bolsa e sacou três copos de plástico e uma garrafa de Grand Marnier. Eu peguei um belo cigarro de jasmim com ponta dourada, que eu e Michael dividimos, já que Michel não fumava tabaco. Logo estávamos submersos em uma confluência de fragrâncias gloriosas.

Michel se acomodou confortavelmente entre dois montinhos azul-turquesa. Embora seus olhos estivessem alertas, ele ficou em silêncio e parecia ligeiramente perplexo. Minha ansiedade com seu alheamento foi amenizada quando ele estendeu a mão energicamente para o cachimbo, deu uma longa tragada e o devolveu sorrindo como o Gato de Cheshire.

"É difícil achar drogas puras na França", disse Michel, evidentemente considerando que nosso elixir divino tinha essa propriedade. Ele bebeu seu copo de Grand Marnier lentamente. "Mesmo as coisas boas disponíveis na França acabam nos Estados Unidos. Eu não entendo. Não que eu não tenha tido oportunidade de experimentar de tudo na França. Eu estive em festas onde me ofereceram LSD, mas, como disse, eu estava com meu namorado, que recusava por nós dois. Talvez ele resista aos alucinógenos porque tenha uma maneira peculiar de se relacionar com o próprio corpo. Afinal de contas, nós somos nosso corpo." Foucault fez uma pausa e acrescentou: "E algo mais."

É isso, pensei. Essa é a revolução na consciência que Foucault proclamou. Todos os outros filósofos do Ocidente começaram e terminaram na mente, nas ideias. Foucault afirma a primazia do corpo e o poder do discurso.

"Atualmente estou escrevendo um livro sobre o corpo", contou.

"Fico ansioso para ler. Com essa definição da natureza humana", eu disse, "você abalou toda a tradição filosófica ocidental. Desde minha primeira viagem ao Vale da Morte, fiquei me perguntando por que os filósofos e teólogos, de Platão em diante, desprezaram o corpo e celebrizaram o espírito com tanta insistência."

Foucault pareceu concordar com minha observação, mas não desenrolou o assunto. Ele obviamente não queria falar sobre filosofia. Michel e Mike foram dar uma volta juntos. Fiquei assistindo aos dois entrando e saindo das grutas das rochas, parando para examinar uma constelação de seixos no chão, depois escalando outra miniatura de montanha para admirar um pico distante que se erguia no horizonte azul-escuro. As camadas de cores vivas das paredes do cânion ondulavam como serpentinas em um desfile. Convidei Foucault para vir comigo até uma elevação de onde poderíamos ver o deserto a centenas de metros abaixo de nós. Ele subiu o declive íngreme com a agilidade de um acrobata. No horizonte à nossa frente, o sol arranhava o topo do Telescope Peak e sangrava para dentro do vale 3.600 metros abaixo. Michael sentou no topo de uma colina próxima e ligou seu gravador portátil.

Enquanto observávamos as sombras se alongando sobre as planícies alcalinas, as dissonâncias de *Three places in New England*, de Charles Ives, reverberavam pelas paredes do cânion. Foucault e eu começamos a rir em êxtase enquanto o som passava por nós até as planícies de sal que brilhavam como a cobertura de um bolo de casamento.

"Você sabe", Foucault disse, "Genet prefere o riso ao sexo."

A ironia de que o maior escritor sobre sexo na verdade preferia o riso fez tudo parecer ainda mais engraçado. À nossa frente, contemplávamos uma montanha que parecia assumir os contornos de uma pirâmide maia.

"Será que em alguma outra era, em alguma outra época, as pessoas perceberam a Terra como nós percebemos hoje?", perguntei a Foucault.

"Não", ele respondeu, com firmeza. "Em nenhum outro período da história alguém viu a Terra assim, como esse momento nos permite ver juntos."

Depois de perambularmos mais um pouco pelas colinas, Michael indicou que era hora de partir.

"Partir?", disse Foucault, assombrado. "Como podemos deixar toda essa beleza? Podíamos simplesmente ficar por aqui. Eu não consigo imaginar um lugar mais maravilhoso."

Mas, no fim, Mike o convenceu. Descemos de volta pelos becos tortuosos, serpenteando ao redor de monolitos imponentes que pareciam esculturas de Henry Moore. Olhei para trás para ver como Michel estava se saindo. Ele se demorava, deixando as mãos se arrastarem pela textura das rochas cinzentas. Eu disse uma frase de Heráclito: "O universo mais belo não passa de uma pilha de escombros." Ele sorriu. Assim que chegamos ao estacionamento, não resistimos e nos viramos para dar uma última longa olhada naquela paleta gloriosa que assumia sua tonalidade crepuscular.

ZABRISKIE POINT

Enquanto dirigíamos pela Artist's Drive, me senti em um desfile de carnaval pela *Virgem das Rochas*, de Leonardo. Cada objeto era claro e distinto. Tudo parecia artificial. Eu experienciava os fenômenos em muitos níveis simultâneos, como se minha mente fosse um gravador de oito pistas e cada sensação ativasse múltiplos canais. Eu podia falar, pensar, desejar, ouvir, ver, imaginar e lembrar em muitos níveis diferentes, que se conectavam em um efeito maravilhoso. Uma sinestesia inimaginável, imensos mundos de prazer, o paraíso proustiano encontrado.

Aliviado por termos atravessado com segurança aquele recife desértico, paramos por um momento ao chegar à rodovia e inspiramos o ar fresco que soprava daqueles vales alcalinos. Fizemos uma curva brusca à direita e dirigimos para o norte pela Rota 178. Michael diminuiu a velocidade para que pudéssemos ver a Mushroom Rock. Passamos pelo Golden Canyon, que nos exibia suas tapeçarias de lantejoulas. Admiramos à nossa esquerda o Devil's Golf Course, uma vastidão de cristais de sal que lembra uma metrópole congelada vista de um satélite. De onde estávamos, podíamos divisar o deserto descendo dramaticamente até o ponto de menor altitude de toda a América do Norte, cerca de cem metros abaixo do nível do mar.

As montanhas distantes exibiam uma miríade de cores ondulando em harmonia com as nuvens que corriam fluorescentes pelo céu.

"Os padrões das nuvens e das camadas de rochas me lembram Gauguin", eu disse. "Como Artaud podia ter tanto desdém por Gauguin? Ele o apelidou de 'pintor de fantasmas' quando o comparou a Van Gogh."

"Ah, Artaud era um esnobe", Foucault replicou. "Van Gogh estava entrando na moda quando ele escreveu aquele artigo, e Artaud queria estar à frente de todos."

"Tudo é ou *art noveau,* ou *art déco*", Michael disse com uma entonação filosófica.

"Você quer dizer que tudo é orgânico ou geométrico", eu comentei. Então minha atenção foi sugada pelos rostos fantásticos que as sombras formavam ao pousar nas encostas das montanhas. Eu mencionei algo sobre a cena inicial de *Zardoz*, com sua representação magrittiana de uma esfinge de pedra monumental navegando pelo ar.

Foucault, que não conhecia o filme, disse: "*O Castelo dos Pirineus* é uma das minhas pinturas de Magritte preferidas. Eu vi o original em Nova York, no apartamento de um advogado. Ele também tinha outras obras de Magritte. Foi maravilhoso ver todos aqueles quadros em um lugar só."

"Eu acabei de ler seu breve livro sobre Magritte", eu disse.[11] "Fiquei surpreso por você considerar Kandinsky e Klee as duas maiores forças da arte moderna. Eu teria

11 *Isto não é um cachimbo*. Trad. Jorge Coli. São Paulo: Paz & Terra, 2014. [N.E.]

pensado em Picasso e Duchamp. Mas seu livro me deu uma perspectiva nova sobre Magritte."

"Eu fico totalmente intrigado com Magritte. Recebi muitas cartas interessantes dele", Foucault continuou. "Ele me escreveu coisas tão sutis e obscuras que não tenho certeza se entendi. Em uma carta, Magritte disse que os artistas podem ser divididos em dois grupos: aqueles que buscam a 'similitude' e os que retratam a 'semelhança'. Ele acredita que a arte ocidental vai em direção à semelhança, o melhor caminho para transmitir a experiência real em vez da mera aparência."

Chegamos à Rota 190 e viramos à direita, deixando o Furnace Creek Inn para trás. Depois de um pequeno trecho, alcançamos o Zabriskie Point. Estremeci de apreensão ao subir a ladeira íngreme que levava ao pequeno estacionamento com vista para o mar de arenito. Avançamos devagar até estacionarmos em frente à mureta do mirante, que parecia um aeroporto de disco voador. Descemos do carro como se fôssemos exploradores em um planeta proibido.

Estávamos sozinhos. A área parecia inóspita, sem vida. Sobre as cristas das montanhas Panamint, o brilho azul-claro do dia escurecia, e as piscinas de sal cintilavam à distância para além do Manley Beacon, uma enorme formação rochosa que marca o lugar como o Partenon define a Acrópole. Montamos no pequeno muro que nos separava do abismo de desfiladeiros encadeados logo abaixo. Michael trouxe o toca-fitas e pediu que escolhêssemos entre os *Hymnen*, de Stockhausen, e as *Quatro últimas canções*, de Richard Strauss. Foucault escolheu Strauss sem hesitar.

Michel e Michael se sentaram lado a lado no parapeito de granito. As dunas pareciam subir e descer em contraponto à voz de Elizabeth Schwarzkopf. Vênus apareceu sobre o Telescope Peak e brilhou mais do que nunca. Em instantes, ela ficou rodeada por uma guirlanda de estrelas. Com as palavras finais da última canção — "Chegue perto, paz gentil / profunda no brilho da noite. / Estamos cansados de vagar. / Será isso a morte?" —, chegamos a uma congruência transcendente entre o lugar, a música e o nosso estado de espírito.

"A música é a nossa teologia", Foucault disse em voz baixa.

"Michel", Mike perguntou, "você quer um refrigerante?"

"Não", ele respondeu enfaticamente. "Eu não quero nada entre mim, a droga e o que está aí fora. Eu não quero nada que interfira na pura experiência da droga."

Então Foucault virou para mim e disse, num tom zombeteiro: "Simeon, por que você está bebendo essa coisa?"

"Ah, é só outro tipo de químico", eu disse. Sentindo que tinha dito algo estúpido, cheguei mais perto de Michel para desviar do assunto. Michel, que estava apoiado com os cotovelos no parapeito, me fez lembrar *A Cigana adormecida*. Ele parecia gostar da nossa intimidade.

"Michel", perguntei, "aconteceu algum evento específico na sua vida — algo, digamos, como Rousseau no caminho para Vincennes, ou São Paulo em seu caminho para Damasco, ou mesmo Buda sob a Árvore de Bodhi — que tenha provocado um insight crucial, algo que tenha determinado o rumo do seu trabalho?"

"Sim!", ele respondeu. "Quando me matriculei na École Normale, o diretor quis saber se havia algo de errado comigo. Quando contei sobre minha homossexualidade, ele reagiu horrorizado dizendo que não era um comportamento normal e que certamente era inaceitável para uma escola com aquela reputação. Então ele me isolou, para o meu próprio bem, ele disse. Ele falou que eu precisava ser reformado, que iria me confinar, me examinar e me tratar com uma junta de autoridades — médicos, professores, psicólogos, psiquiatras etc. Nesse instante, eu aprendi num flash como o sistema funciona. Percebi o impulso fundamental de nossa sociedade: *normalização.*"

"Você já tinha se apaixonado por outro homem?"

"A primeira vez que me apaixonei por um homem foi aos dezesseis anos. Desde então eu sempre me movi do *amor* para o *conhecimento* até a *verdade*."

Quando Michael voltou ao carro para buscar mais fitas, Foucault comentou:

"Michael é maravilhoso. Ele é um mago. Está sempre inventando um feitiço para nós."

Ficamos em silêncio para escutar o *Canto dos adolescentes*, de Stockhausen. Zabriskie Point se encheu com os sons do parquinho de crianças sobreposto por tonalidades elétricas. Na sequência escutamos *Kontakte*. As estrelas rebatiam os glissandos, brilhando como fliperamas incandescentes. Foucault se virou para Michael e disse que aquela era a primeira vez que ele realmente entendia o que Stockhausen havia feito.

Eu me deitei, olhei para o alto e senti que estava alucinando. Expandindo, zumbindo e brilhando, o céu tinha se tornado uma máquina de pinball. Pensei: "Warhol, Warhol." As estrelas ganharam a forma de enormes bolas de árvore de Natal se mexendo lenta e graciosamente pelo céu sem lua. Uma tranquilidade plena me embalou. Eu sabia que o elixir divino me permitia ver o espectro total de cada estrela. As cores brilhantes irradiavam para fora, formando a ilusão de esferas sólidas e luminescentes.

Me virei para Mike e falei com a voz trêmula: "Nós concebemos o universo — um cortejo majestoso de lindas insignificâncias, um espetáculo atemporal. Essa visão faz com que todo o resto pareça uma grande piada."

Foucault sorriu e depois voltou a olhar para as nuvens. "O céu explodiu e as estrelas estão chovendo sobre mim. Eu sei que isso não é de verdade, mas é a Verdade."

"Você acha que seria possível toda a humanidade tomar essa substância e experienciar algo como o que estamos vivendo nesta noite?", perguntei.

"Eu gostaria que fosse possível", Foucault respondeu, com melancolia.

"Você acha mesmo que as pessoas no passado não tiveram experiências parecidas com essa? Afinal, John Allegro mostrou que, dos sumérios aos essênios, e até nos tempos modernos, existe uma linhagem de comunidades que usaram *Amanita muscaria*,[12] que é outro tipo de elixir."

Novamente, Foucault me garantiu que nós éramos diferentes e que ninguém antes havia tido esse tipo de experiência.

"Duchamp", eu disse, "pensava que, depois da excitação inicial da descoberta, os cogumelos psicodélicos e outros tipos similares de plantas seriam usados moderadamente, como licores."

"Finalmente entendi o significado de *Debaixo do vulcão*, de Lowry", Foucault declarou. "O mescal do cônsul servia como uma droga que filtrava sua percepção de um jeito parecido com um alucinógeno. A única coisa na minha vida que posso comparar com essa experiência é fazer sexo com um estranho. O contato com um corpo estranho provoca uma experiência de Verdade similar à que estou sentindo agora."

12 Uma das diversas espécies de cogumelos psicoativos. [N.E.]

Michel se levantou e caminhou alguns metros para se deitar perto do penhasco.

"Michael", ele disse de longe, "por que você não trouxe suas músicas para tocar para nós?"

"Eu trouxe, sim, uma gravação curta", Michael respondeu. Ele foi ao carro e voltou com o seu *Prelúdio a um tema de Bach*. O vento apertou, e o carro começou a balançar.

"Por que você fica abrindo as portas do carro, Simeon?", Michael perguntou com uma voz chorosa. "Eu fecho, você vai lá e abre. Assim você vai acabar com a bateria."

"É para a luz do carro ficar acesa", eu disse. "Está muito escuro e o vento está muito forte. Você não acha perigoso esse vento, Michel?", perguntei, em busca de apoio.

"Não fique com medo", Foucault respondeu. "Para mim, o vento está calmo e quente."

Depois de um longo período de silêncio, chegamos perto de Michel. "Estou muito feliz", ele nos contou, com lágrimas nos olhos. "Nesta noite atingi uma nova perspectiva sobre mim. Agora entendo minha sexualidade. Tudo parece começar com minha irmã. Nós *temos* que ir para casa de novo." E repetiu a última frase: "Sim, nós *temos* que ir para casa de novo."

"Eu estava errado", eu disse, "quando usei a palavra 'místico' para descrever essa experiência."

Foucault concordou.

"Você acha que esse acontecimento vai afetar o seu trabalho?", perguntei.

"Com certeza", ele respondeu.

“Você teve algum insight filosófico nesta noite?”

“Na verdade, não. Eu não passei essas horas pensando sobre conceitos. Não foi uma experiência filosófica para mim, mas algo completamente diferente.”

Michael sugeriu que voltássemos ao hotel para descansar.

“Como vocês preferirem”, disse Foucault. “Eu poderia ficar aqui o resto da noite, mas estou pronto para ir aonde você e Simeon quiserem.”

VISTA DE DANTE

Quando voltamos ao rancho Furnace Creek, Foucault tomou um banho e tirou uma breve soneca com seus shorts carmesins. Eu fui para fora e estupidamente perdi meu tempo preparando um discurso introdutório para a palestra que Foucault daria na Claremont naquela noite. Mike estudou japonês. No café da manhã, algumas horas depois, perguntei a Foucault como ele explicava o aparecimento de gênios ao longo história: "Um Pascal, um Hölderlin, por exemplo, de onde eles surgem?"

"A história não se move assim", respondeu Foucault, enquanto traçava no ar uma linha reta com o dedo indicador. "Ela se move assim", e seu dedo fez um movimento aleatório. Ele estava indicando a dispersão total. Vendo seu gesto frenético, tive certeza de que a Idade da História estava acabada porque seu pressuposto mais básico, a noção spenceriana do desenvolvimento constante e progressivo da humanidade, tinha sido destruída por Michel Foucault.

Voltamos ao Zabriskie Point para vê-lo à luz do dia. Nós ainda estávamos em uma espécie de transe visionário, mas obviamente o auge já tinha passado. Tirei fotos. Foucault estava muito solícito. Ele ria muito. Depois fomos embora. Dirigimos pela Rota 190, passamos o cânion Twenty Mule Team e chegamos ao desvio para Dante's View, nosso destino trinta quilômetros adiante. Eu especulei se os pioneiros teriam batizado o mirante de Dante's View pela semelhança entre a vista e os desenhos de Gustave Doré retratando o *Inferno* de Dante.

Com exceção dos arbustos de creosoto e trigo-sarraceno agarrados às encostas, que se precipitavam em direção às salinas a mais de 1.500 metros abaixo, nós estávamos cercados por um reino de rochas e montanhas. Olhando para o oeste em direção ao Oceano Pacífico, víamos sete ou mais cadeias de montanhas, incluindo os picos afiados da Sierra Nevada. A leste, na direção do Arizona, um deserto vasto e luminoso pontilhado por colinas secas e vulcões adormecidos. A vista era como a famosa pintura de Altdorfer, mas sem qualquer sinal de vida.

Michel e eu pegamos um caminho estreito que conduzia a uma espécie de varanda de pedra dependurada sobre o vale. Parecia um ninho de águia, ao mesmo tempo aconchegante e perigoso. Foucault foi intrépido e insistiu que eu fosse até a beirada, onde um movimento equivocado poderia nos mandar inferno abaixo. Ali eu finalmente consegui praticar a disciplina do silêncio. Sentamos lado a lado por uma hora, ouvindo o vento cortado pelo canto dos pássaros que flutuavam pelo vazio. Foucault encarava atentamente o abismo abaixo. Então seu olhar subia para encontrar as montanhas, que pareciam conversar com ele. Por um tempo ele se concentrou no grande deserto de sal que cintilava como um mar continental. Às vezes ele parecia olhar para lugar algum. Foucault mal se movia. Seu semblante estava impassível. Quando nos levantamos para partir, tudo o que eu consegui dizer sobre aquela desolação monumental foi: "Oh, admirável mundo novo..."

Michel olhou dentro dos meus olhos e então saiu caminhando sozinho, em profunda meditação. Eu deveria ter terminado a citação de *A tempestade*: "... que encerra criaturas tais."

Quando chegamos ao carro, Michael estava todo contente tomando um banho de sol enquanto lia *Quatro quartetos*, de T.S. Eliot, e ouvia *Pli selon pli*, de Boulez. Ainda viajando, pelos olhos de Maxfield Parrish eu vi o corpo sem pelos de Michael se desmanchando no céu azul translúcido.

"Essa é uma das minhas músicas favoritas", Michel disse para Mike enquanto nos aproximávamos do carro. "Você conhece *Le marteau sans maître*, de Boulez?"

"Eu já ouvi algumas vezes, mas estou apenas começando a conhecer Boulez", Michael respondeu.

"Eu queria mesmo que você estudasse com Boulez em Paris", Michel repetiu.

"Eu também gostaria muito", Michael disse. "Você já leu os *Quatro quartetos*?"

"Na verdade, não", admitiu Michel.

"Se der tempo, quando voltarmos para casa vamos ouvir uma gravação do Eliot lendo esses poemas. Aliás, escrevi um poema sobre a nossa última viagem ao Vale da Morte. Talvez você goste do último verso, sobre a paisagem do Dante's View: 'O lago seco nada mais é do que a enchente esquecida.'"

Após um almoço rápido que servimos sobre o porta-malas do carro, partimos de volta para casa. Refizemos nosso caminho passando pelo Zabriskie Point, pelo rancho Furnace Creek e pelas dunas de Mesquite Flat. Antes de pegar no volante, me servi de alguns biscoitos.

"Nosso menino gosta de biscoitos", observou Foucault com um sorriso complacente. E acrescentou: "Posso ver que vocês gostam muito um do outro. Onde mesmo você disse que se conheceram?"

"No 4709 Club", Mike respondeu.

"Esse lugar vai ser famoso um dia", Foucault nos assegurou.

"Você quer dizer infame, *n'est-ce pas?*", eu respondi, rindo.

"Não, eu quero dizer famoso", disse Foucault, sério.

Só se for porque viajamos com Michel Foucault, pensei.

"Nós vamos dar um pouco de ácido para você levar a Paris", Mike disse.

"Obrigado. Eu gostaria muito. Vocês acham que eu deveria contar para os outros sobre a nossa viagem, sobre a natureza especial da nossa viagem, quando eu voltar?", Foucault perguntou, pensativo.

"Eu espero que sim", respondi.

VOLVO

FOTO 1 Simeon e seu novo amigo, Michel Foucault

FOTOS 2 A 4 Michael Stoneman e Foucault no Vale da Morte

Fotos por Simeon Wade, cedidas por David Wade.

UMA FESTA

Voltamos a tempo de Foucault fazer sua palestra em uma sala com centenas de rostos ansiosos. Ele estava irritado e insistiu em falar em francês. Mike não quis ir. Eu estava péssimo porque sabia que Foucault detestava grandes plateias e porque o público de Claremont me detestava, pois era óbvio que Michel e eu havíamos aprontado algo condenável recentemente. Foucault deu o melhor de si e falou eloquentemente, embora com certa hesitação, sobre a natureza do poder na sociedade contemporânea. O intérprete sofreu. As pessoas começaram a ficar inquietas, então encerrei a sessão abruptamente.

Enquanto saíamos, Foucault se mostrou desapontado com sua performance. Ele reclamou que, durante a discussão, foi invadido por ondas de sono e que houve momentos em que achou que não conseguiria continuar. Eu expliquei que ele estava cansado, mas que sua energia voltaria assim que o ambiente voltasse a ser agradável. Retornamos à nossa casa, onde uma festa em sua homenagem estava acontecendo. Mike enfeitou o teto com galhos de eucalipto. Convidei uma banda de rock de Hollywood para divertir os convidados, que chegavam a cem ou mais. Foucault se misturou com naturalidade entre as pessoas. Naquela noite, o espírito jovem da Califórnia floresceu para ele, que reagiu com sorrisos fáceis e conversas animadas. Perguntas sobre suas impressões da Califórnia proliferavam.

"Eu amo a Califórnia", ele reiterou várias vezes. "Vocês vivem em um dos melhores lugares do mundo." Foucault disse, seguidas vezes, o quanto tinha gostado da variedade e da experimentação de estilos de vida, assim como do clima maravilhoso, que permitia às pessoas manterem contato com seus corpos, a literalmente *verem* seus corpos. "E vocês têm tanta liberdade intelectual e vitalidade aqui!", disse. "Na França, dogmas ideológicos e sectarismos ainda são tão exagerados que em comparação com a Califórnia nós vivemos em um regime de terror."

"Vocês têm festas assim na França?", um estudante perguntou.

"Não, a França ainda é muito careta", Michel respondeu de maneira concisa, com um sorriso.

Outro estudante confessou que não tinha lido nenhum dos livros de Michel.

"Mas você não precisa ler meus livros", ele lhe assegurou.

Uma jovem perguntou sua opinião sobre a liberação feminina.

"Eu vou dizer o seguinte", ele respondeu. "As mulheres não deveriam ignorar o fato de que elas têm grande poder em nossa sociedade. Elas educam as crianças."

"Em sua fala desta noite você falou sobre o 'pensamento genial de Sartre'", disse um professor, irrompendo em meio ao grupo. "O que você acha de *Crítica da razão dialética*?"

"Tentei ler diversas vezes, mas nunca passei das primeiras cinquenta páginas. Acho que não vou tentar de novo."

Outro professor titular presunçoso empinou o nariz e perguntou: "Qual sua opinião sobre Camus?"

"Seria interessante ver o que Camus teria feito durante a Revolução Argelina. Foi uma decepção quando ele recebeu o Prêmio Nobel de Literatura como francês, sendo que foi premiado como francês, mas também como argelino. Isso pode indicar para que lado penderiam suas lealdades durante a guerra civil."

Em uma conversa com Brit, o estudante que me apontou Foucault pela primeira vez em Irvine, Michel perguntou o que ele estudava. Brit contou que fazia parte do Programa de Estudos Europeus, e depois perguntou o que ele pensava sobre estudar literatura na pós-graduação.

"Você não deveria perder seu tempo estudando literatura como uma disciplina", disse Foucault. "Estude os mecanismos de poder que atuam em nosso discurso e em nossa sociedade."

"Qual foi sua impressão de Stanford?", perguntou Phyllis Johnson, cuja namorada estava pensando em dar aulas por lá. Foucault desenhou no ar um quadrado com as mãos. As risadas foram mais altas do que a música.

"Sim, quadrados", Foucault disse. "Mas estou muito interessado no que está acontecendo em Berkeley", ele acrescentou. "É um lugar para se observar, uma espécie de microcosmo da universidade contemporânea. Quando dei uma palestra em Berkeley, eu logo senti uma grande distância do público. A coisa toda era muito rígida e formal. Em Irvine foi melhor. O grupo participou muito mais. Stanford, por outro lado, me pareceu sem esperança, até estéril."

"Sim, bem parecido com aqui", eu exclamei. "O que você está achando de lecionar em Berkeley?"

"Bem, o Departamento de Francês de Berkeley me contratou para dar aulas de literatura, mas isso foi um grande erro, porque eu não gosto de literatura. Eles estão um pouco incomodados comigo porque a maioria dos estudantes do meu curso é do Departamento de História."

"O que aconteceu em Berkeley quando Saigon foi tomada pelos norte-vietnamitas e os americanos caíram fora do Vietnã?", perguntei.

"Não aconteceu absolutamente nada. *Na-da*", ele disse, enfatizando sua decepção. "Aparentemente os europeus ainda acham que Berkeley é radical como nos anos 1960."

Al Franken, o comediante que depois brilharia no *Saturday Night Live* e se tornaria senador, perguntou a Michel quem ele achava que venceria a Major League de beisebol. Foucault riu e, ironicamente citando sua palestra de momentos antes, disse que não era um profeta. Mas ele assegurou a Al que gostava de esportes e se mantinha em forma pedalando e fazendo musculação.

Imediatamente um grupo de estudantes perguntou se ele gostaria de andar de bicicleta pela região no dia seguinte. Michel mostrou entusiasmo com a proposta, mas duvidou que teria tempo, já que voltaria para San Francisco à tarde.

Em determinado momento, Foucault foi para a varanda da frente, alongou todo o corpo no balaústre e olhou para a Lua.

"Estou tentando recuperar meu estado de espírito do Vale da Morte", ele me disse. "Mas é muito difícil. Acho que não consigo sem a ajuda dos alucinógenos."

Algumas vezes Foucault transmitia uma satisfação silenciosa quando eu o resgatava de um bombardeio de perguntas filosóficas. Mas ele era bastante cortês, mesmo com os interlocutores mais inconvenientes. Depois de passar algum tempo com um grupo de homens e mulheres, um dos homens se aproximou e beijou Michel nos lábios. Michel retribuiu o beijo com uma ternura natural. Então o pequeno grupo acolheu Foucault para várias rodadas de beijos e abraços.

Um jovem abordou Foucault e lhe disse que havia acabado de sair do armário. Ele agradeceu Foucault por seu trabalho, que ele acreditava ter "tornado possíveis coisas como o movimento gay". Foucault respondeu: "É legal você me dizer isso, mas na verdade meu trabalho não tem nada a ver com o movimento gay. Eu não escrevi nada sobre esse assunto."

"Como era para você antes do movimento gay?", o jovem estudante perguntou.

"Você pode não acreditar", Foucault replicou, "mas eu realmente gostava da cena de antes do movimento gay, quando tudo era mais disfarçado. Era como uma fraternidade subterrânea, excitante e meio perigosa. A amizade significava muito, os amigos tinham uma confiança mútua, protegíamos uns aos outros, nos relacionávamos por meio de códigos secretos."

"E o que você acha da liberação gay atualmente?"

"Em primeiro lugar, eu acho que o termo 'gay' se tornou obsoleto — assim como todos os termos que denotam uma orientação sexual específica. A razão disso é a transformação do nosso entendimento sobre a sexualidade. Nós percebemos o quanto nossa busca por prazer tem sido limitada em grande medida por um vocabulário que nos foi imposto. Pessoas não são isso ou aquilo, gays ou heterossexuais. Há uma amplitude infinita do que chamamos de comportamentos sexuais, e alguns termos impedem que essa amplitude flua — quer dizer, são termos que estereotipam comportamentos, são errados e enganosos. Em segundo lugar", Michel continuou, "o que eu gosto na Califórnia é que aqui a palavra 'homossexual' não quer mais dizer muita coisa. Parece que as pessoas na Califórnia não têm essa palavra no vocabulário. Me parece que, quando alguém usa a palavra 'homossexual' ou 'gay', é para falar sobre alguém que deveria ser excluído. Isso foi transcendido na Califórnia. Há uma liberdade para se falar sobre homossexualidade aqui. A palavra não é pejorativa. A ideia não é associada com perversão."

"Mas", o estudante pressionou, "você lê a literatura sobre o movimento gay? *The Advocate*, por exemplo?"

"Com certeza. Eu assino a *Advocate*[13] e leio com atenção", ele respondeu.

A uma hora da madrugada, eu perguntei a Michel se ele gostaria de voltar ao hotel para descansar. Ele me falou que poderia voltar andando sem problemas, mas obviamente insisti em levá-lo de carro. Alguns minutos depois ele disse que estava pronto para ir. A casa ainda estava cheia de gente se esbaldando.

Tive esperança de encorajar um êxodo geral quando anunciei bem alto que Michel estava indo embora. Ele ficou visivelmente surpreso com meu atrevimento em chamar atenção para sua saída, e eu senti muita vergonha da minha própria audácia. Naquele momento percebi o quanto Michel odiava os holofotes. Ele ficou claramente chocado por eu ter informado o grupo de que ele estava partindo. Mas, pelo menos, minha gafe causou uma boa consequência. Na saída para a rua, meu amigo David, um homem das montanhas, abordou Michel, dizendo-lhe que lamentava não terem conversado naquela noite, mas que gostaria que ele soubesse o quanto seus livros significavam para ele e o quão feliz ele estava com sua vinda a Claremont. Michel o agradeceu e, assim que entramos no carro, me perguntou, com um entusiasmo inédito até então, sobre esse jovem que tinha acabado de conhecer.

13 Revista mensal com temática LGBTQIA+ fundada em 1967 e ainda em circulação nos Estados Unidos. [N.E.]

"Ele é estudante de pós-graduação no Programa de Estudos Europeus", expliquei. "Seu mestrado é uma comparação entre o seu trabalho e o de R.D. Laing. Eu o conheço há três anos. Nos conhecemos quando eu morava no Leste, e foi sua amizade que me trouxe à Califórnia. Neste verão ele está morando em uma cabana nas montanhas, não muito longe daqui."

Os olhos de Foucault brilharam. Quando sugeri que de manhã poderíamos dar uma passada na cabana de David em Bear Canyon, Foucault aceitou, animado.

AS TRILHAS DE BEAR CANYON

Na manhã seguinte, Michel disse que não tinha conseguido dormir. Assim que chegou ao seu desolado quarto de hotel, ele quis voltar à festa. Disse que quase voltou, de tão infeliz que estava por não estar aproveitando aquele momento tão alegre. No entanto, mesmo sem descansar, ele estava relaxado e bem-disposto.

Partimos para as montanhas e, em cinco minutos, estávamos subindo a Mount Baldy Road, que estava coberta por lanças amarelas de giestas florindo. Chegando em Baldy Village, viramos à esquerda na estação de bombeiros, pegando um caminho estreito que levava ao estacionamento na entrada do Bear Canyon. Ali encontramos um grupo de seis jovens, quatro deles viviam em cabanas pelo cânion, em uma espécie de comunidade taoísta. O som das cachoeiras nos guiou até uma trilha cercada por grandes cedros e pinheiros ponderosa. O cheiro de almíscar do chaparral era claramente afrodisíaco.

Caminhamos pela floresta e, quando a subida se tornou mais íngreme, formamos uma fila indiana na trilha rochosa de onde se avistava o riacho cintilante. As flores silvestres do alto deserto estavam todas desabrochando. Arbustos de flox amarelas e de pincel-indiano em vermelho vivo enfeitavam nosso caminho. Foucault conversava amavelmente com todos. Em mais ou menos uma hora chegamos à cabana mais alta, pegando de surpresa seu habitante taoísta.

"David", eu o chamei, enquanto minha cachorra, Skadi, corria para encontrar Krina, o cachorro dele. E ali, na floresta em que eu e David conversamos tanto sobre Michel Foucault, estávamos com o homem em pessoa. Era algo como uma encarnação, algo como "e a palavra se fez carne".

David, alto, de ombros largos e cintura fina, esplendidamente nu exceto por uma calça jeans apertada, abriu a porta e saiu para a varanda que se projetava sobre o leito do riacho.

"Bem-vindos!", ele respondeu animado. "Vou fazer um café."

Entramos na cabana de David enquanto ele guardava o colchonete de ioga que tinha usado para seu exercício matinal. Então ele apresentou a Michel a cozinha composta por apenas um fogão e uma geladeira. David o levou escada acima para o sótão e mostrou as grandes claraboias que ele mesmo havia instalado. Seguimos o anfitrião até o primeiro andar da cabana, onde ficava o chuveiro com a luxuosa água quente. Na sala, nos sentamos diante do fogo e ouvimos música, primeiro um pouco de country e depois Mozart e Mahler. Mais tarde, David nos levou para a varanda para vermos o riacho que corria abaixo de nós. A varanda era uma espécie de casa na árvore empoleirada nas copas dos pinheiros e dos cedros gigantescos. Acabamos todos nos juntando lá, para conversar e tomar café.

Cal, um homem atarracado e forte de trinta e poucos anos, sentou-se ao lado de Michel. Ele usava um bigode espetado, tinha estudado psicologia e vivia com um grupo de amigos em uma casa rodeada por laranjeiras. Recentemente, Cal havia tomado LSD e recebido uma visão tão perturbadora de sua família que começou a investigar o próprio passado. Ele descobriu que o pai, até então seu ídolo, era na verdade um mercenário cruel, odiado por seus empregados e desprezado pelos colegas. A descoberta provocou uma crise. Havia pouco tempo ele tinha ido tarde da noite à nossa casa, sentado na varanda e lamentado amargamente sua desilusão. Eu o confortei com algumas ideias de Laing sobre a política da experiência e depois o levei de volta para sua nova família no bosque de laranjeiras.

Ao lado de Cal, um homem muito mais jovem chamado Chris fumava um cigarro enquanto olhava para as entranhas do riacho. Chris morava em uma cabana cerca de trinta metros mata adentro. Ele comprou a cabana quando se formou no ensino médio e nos últimos dois anos tinha trabalhado sem descanso para torná-la mais cômoda. Jeito de surfista, loiro, com um corpo forte e definido, ele tinha uma namorada adorável e anoréxica que gostava de tomar sol nua nas rochas do riacho em frente à cabana. Chris tocava violão e lia vorazmente. Em seu retiro nas montanhas, estudava ciências humanas. Ele sempre se juntava a David e a mim em nossas noites de conversa diante do fogo.

Chris estava conversando com seu amigo John, que também vivia no cânion. John teve a audácia de juntar alguns amigos e arrastar seu piano por um quilômetro e meio de trilha íngreme até a sua cabana. Às vezes, tarde da noite, sons inesperados de piano tocando jazz e noturnos de Chopin flutuavam pelo vale. John era baixo e usava calças sujas e justas que destacavam seu enorme falo, o que ele apreciava com um prazer vulgar. Ele tinha sérias pretensões musicais e amava ouvir nossas discussões sobre literatura e filosofia. Os invernos congelantes na montanha lhe renderam uma sinusite, então ele costumava fungar e assoar o nariz de tempos em tempos, mas seus hábitos brutos eram uma espécie de charme.

Jake embelezava a cena com seu peito peludo descoberto e seu sorriso travesso. Ele era ciclista e um estudante de graduação atípico em Claremont. Mike e eu o ensinávamos hataioga, e ele nos ensinava física. Tínhamos acabado de lhe ensinar a posição do gato, que combinava perfeitamente com ele. Jake era fascinado pela ideia de entropia, mesmo que não entendesse muito bem do que se tratava. Recentemente, Jake tinha me dado um abraço de urso e, com lágrimas nos olhos, fez algo que muito poucos estudantes costumam fazer: ele me agradeceu, especialmente por eu tentar viver o que ensino, ao contrário de outros professores que ele considerava autômatos disparadores de palavras vazias. Em troca, perguntei se eu poderia passar a mão em seu peito forte e cabeludo. Ele aceitou timidamente. Achei que Foucault poderia gostar desse rapaz.

Lance era um homem atraente até demais, altura mediana, bunda redonda, esquiador e multiatleta. Ele estudava no Pomona College e fazia aulas de música com Michael em nossa casa. Ele era muito estranho, porque combinava sérios interesses intelectuais e musicais com a imaturidade e a fanfarronice de um playboy, características que pareciam ser estimuladas por sua faculdade. Lance estava começando a assumir sua homossexualidade. "Afinal", ele me disse, "passo a maior parte do tempo com homens, por que não deveria fazer amor com eles?" Com seus olhos azuis questionadores e uma beleza extraordinária, Lance era um integrante muito bem-vindo na comitiva de Foucault.

Por fim, Jim também estava lá, ceramista e estudante de pós-graduação em filosofia. Carpinteiro de profissão, ele exalava uma espécie de energia reichiana irresistível. Depois que ele veio para minha aula com uma calça Levi's com um buraco na virilha, passei a ministrar meus cursos sempre de uma posição privilegiada. Algumas vezes, sentia que falava sobre esquizoanálise e anatomia política apenas para ele. Houve dias em que a ideia de encontrá-lo era o único motivo que eu tinha para aparecer na aula. Ele morava com a namorada em uma casa na árvore na entrada do cânion. Sharon havia sido ativista hippie nos anos 1960, mas Jim e o LSD a transformaram em uma reclusa das montanhas.

Foucault graciosamente se enturmou com os taoístas, exercitando o que os franceses chamariam de *saveur*, uma abundante generosidade. Ele usava muito outro termo em francês, *disponible*, aberto para tudo. Estava surpreso por encontrar acomodações tão confortáveis em uma montanha tão selvagem.

"Tem um ar meio *A família Robinson*", comentou.

"Você gosta dessa história?", David perguntou.

"Sim, desde criança. Claro, me diziam que eu deveria preferir *Robinson Crusoé*, mas na verdade gostava muito mais de *A família Robinson*, e gosto até hoje."

Eu disse a Michel que, durante os anos em que David e eu moramos juntos nas montanhas, muitas vezes nos sentíamos como náufragos. Matávamos o tempo fazendo massagens nas costas um do outro e discutindo livros e o mundo todas as noites diante do fogo.

"Algumas noites atrás, o fogo provocou uma conversa sobre *A psicanálise do fogo*, do Gaston Bachelard", eu disse a Foucault. "Você o conheceu?"

"Sim, conheci", respondeu Foucault. "Ele foi meu professor e me influenciou muito."

"Eu posso ver Bachelard meditando em frente à lareira e elaborando a tese chocante de que a humanidade domesticou o fogo para estimular os sonhos na vigília e de que os humanos são fundamentalmente animais sonhadores."

"Na verdade, não", Foucault revelou. "Bachelard provavelmente nunca viu uma lareira nem escutou o barulho do rio descendo uma montanha. Com ele era tudo sonho. Ele viveu como um asceta em um pequeno apartamento de dois quartos dividido com a irmã."

"Eu li em algum lugar que ele era um gourmet e ia todos os dias à feira comprar os produtos mais frescos para o jantar."

"Bem, ele fazia mesmo compras na feira", Foucault respondeu, impaciente, "mas sua dieta, assim como seu modo de vida, era banal. Ele levava uma vida simples e habitava os sonhos."

"Você faz compras nas feiras livres de Paris?", Jake perguntou.

"Não", Foucault riu, "apenas vou ao supermercado na rua onde moro."

Foucault viu por ali um exemplar da *National Geographic*. "Vocês não acham que essa é uma boa revista?", perguntou. Todos concordamos. Ao ver uma manchete sobre Israel e Líbano, ele exclamou que acompanhava os acontecimentos em Israel com muita atenção. "Sou muito simpático a Israel. Eu vi os judeus sofrendo de um jeito inacreditável durante a Segunda Guerra", ele disse. "Os judeus precisam sobreviver."

"Você lê algum jornal regularmente?", Jake perguntou.

"Sim, leio o *Le Monde* todos os dias."

Jake disse a Michel que, por mais que acompanhasse os eventos políticos de perto e tivesse se envolvido nos protestos contra a Guerra do Vietnã, ele se sentia completamente perdido.

"Você tem que estar perdido quando é jovem", Michel replicou. "Se não estiver perdido, alguma coisa está errada. É um bom sinal. Eu também me sentia perdido quando era jovem."

"Devo me arriscar na vida?", Jake continuou.

"Sempre! Assuma riscos, encare de peito aberto."

"Mas eu busco soluções."

"Não há soluções."

"Então pelo menos algumas respostas."

"Não há respostas!"

Depois dessa troca com Jake, Foucault se juntou a David diante do fogo na sala da cabana. Enquanto eles se conheciam, o resto do grupo saiu pela mata procurando por cogumelos e lenha.

NA VARANDA

Mais tarde, a turma do Bear Canyon se reuniu novamente na varanda para conversar com Foucault. Jim, o carpinteiro filósofo, falou sobre seu entusiasmo pelo pensador francês Merleau-Ponty. Foucault reconheceu animado que Merleau-Ponty tinha sido um dos seus professores mais importantes.

"Na verdade", Michel continuou, "Merleau-Ponty influenciou minha geração muito mais do que Sartre. Ele era um acadêmico rigoroso de que todos gostavam. Tinha um conhecimento vasto combinado a práticas políticas e ajudou a afrouxar o sufoco que era o marxismo stalinista, nos encorajando a buscar outros entendimentos de Marx."

"Você aceita a ideia de sedimento cultural, do Merleau-Ponty?", Jim perguntou.

"Eu colocaria nesses termos", Foucault respondeu. "Nós não temos um discurso privado, nós nascemos dentro de um discurso."

"Então precisamos ouvir os outros para entender a nós mesmos", Jim replicou.

"Sim, exatamente."

"Como você compararia Merleau-Ponty a Sartre?", Chris perguntou.

"Bem, Sartre é o último dos profetas e tem um pensamento muito mais obscuro do que Merleau-Ponty."

"Você leu *Crítica da razão dialética*?", questionou Chris.

"Eu disse a alguém na festa de Michael e Simeon que tentei ler duas vezes o primeiro capítulo e não consegui avançar. O problema de Sartre é que ele não está familiarizado com o conhecimento produzido pelos historiadores do século XX. Ele foi convencido por Marx e não foi além disso. Consequentemente, seu entendimento da história é negligente. Não podemos aprender nada com a análise histórica de Sartre."

"Você concorda que Fernand Braudel é o maior historiador do século XX?", Jim perguntou.

"Acho que sim."

"E você não acha que o existencialismo degenerou num tipo de hedonismo, uma obsessão com a experiência de cada um em detrimento do trabalho, do estudo e da observação?", Jake, o ciclista cabeludo, pensou alto.

"Sim", Foucault respondeu. "Nos esquecemos de como trabalhar duro, e o existencialismo precisa ser combatido nesse terreno e em outros também."

"E Gramsci?", Cal acrescentou.

"Gramsci foi muito importante para mim quando eu era mais jovem e estava no Partido Comunista", Foucault respondeu. "Ele legitimou o dissenso no Partido, numa época em que você precisava colocar notas de rodapé em qualquer opinião que dava. Como dissidentes do paradigma marxista, pelo menos a gente podia colocar Gramsci nas notas de rodapé. E seu trabalho em si é importante, particularmente como um precedente. Nos anos 1950, o marxismo estava totalmente envolvido no debate sobre Stálin. Gramsci nos ajudou a sair desse imbróglio. Ele abriu caminho para o dissenso, meteu o pé na porta."

Cal perguntou a Foucault se ele achava que Marx realmente diferenciava a infraestrutura da superestrutura. Foucault respondeu: "Em primeiro lugar, Marx não escreveu seus livros para nos instruir ou para serem estudados na academia, mas para que algo fosse feito, para começar algo, para falar com os trabalhadores. Então, não podemos tratar Marx como um texto. Precisamos mesmo de um intérprete como Althusser para nos dizer o que Marx *realmente* disse? Althusser é um homem muito inteligente, mas o que ele diz sobre Marx não é Marx. Termos como 'essência' e 'dialética' são hegelianos. 'Infraestrutura' e 'superestrutura' são diferentes."

"Você é amigo de Althusser?", Cal inquiriu.

"Althusser foi um professor e um guia para mim, mas eu estou convencido de que Marx não escreveu seus livros para serem analisados pelas gerações futuras. Eles foram escritos como resposta às condições do seu tempo e para provocar reações imediatas."

"Olhando para Sartre ou Althusser, como você vê o papel dos intelectuais na sociedade?", John perguntou.

"Eu hoje vejo o intelectual como uma espécie de funcionário. Há tantos tipos de intelectuais hoje em dia... Alguns intelectuais universitários colaboram com empresas, outros participam de comitês para lidar com os problemas da comunidade. O intelectual é um criador de ferramentas, ele não pode ditar nem prever de que forma suas ferramentas serão usadas pelas pessoas. Até nesse aspecto, o intelectual não é um profeta."

"Então você rejeita toda a visão de Lênin e de Lukács sobre a vanguarda, os intelectuais do partido que percebem a verdade que as massas não enxergam", Cal concluiu.

"Totalmente."

O fogo enfraqueceu, e Foucault se ofereceu para cortar um pouco de lenha. Da varanda, podíamos vê-lo andando até a pilha de troncos e galhos de árvore. David alertou sobre as grandes cascavéis que circulavam por ali, mas isso não o alarmou. Depois de selecionar alguns pedaços, ele picou a lenha com naturalidade. Ficamos todos visivelmente boquiabertos. Como é que um prestigiado intelectual parisiense sabia cortar lenha com tanta habilidade? Não dava para imaginar um Voltaire ou um Sartre cumprindo uma tarefa dessas tão facilmente.

"Mas eu sou apenas uma pessoa comum", ouvi Michel dizer para John, que tinha ido ajudá-lo. A partir disso, a turma do Bear Canyon passou a chamá-lo de Lenhador Foucault.

Cheguei mais perto quando ele estava falando sobre sexualidade com John. *Jouissance*, ele tinha acabado de dizer.

"O que você disse?", interrompi bruscamente, revelando meus patéticos conhecimentos de francês.

"*Jouissance*", gritou Foucault, me fulminando com seu olhar. Ele estava aborrecido, como se dissesse: como, entre todas as palavras, você não conhece justamente essa? As únicas outras palavras que eu o ouvi falar com o mesmo vigor foram *amour*, *savoir* e *vérité*.

Ficamos cerca de uma hora entrando e saindo da cabana, e então David nos levou para uma caminhada pelas redondezas. Cruzamos o riacho e entramos em uma trilha estreita e íngreme que levava a um cume coberto de cactos e sálvia. Mais adiante, havia uma porção de pés de yucca.

"Essa yucca parece um buquê de cobras", eu disse.

"Para mim, parece um aspargo", Foucault comentou, rindo.

"Quando a yucca floresce, brota um falo gigante coberto de flores delicadas", eu disse a Foucault. "Uma floresta com yuccas florindo fica parecendo o palácio de pintos de arenito de Canyonlands, em Utah. Nós vamos te levar lá na sua próxima visita, Michel."

Foucault concordou, com um grande sorriso.

David sentiu vontade de escalar um pinheiro.

Foucault ficou animadíssimo e circulou a árvore várias vezes, gritando "*Oh lá lá*, *oh lá lá*, David, você é muito corajoso."

Quando David desceu do pinheiro, Foucault lhe disse: "Adorei conhecer esse lugar através de você. Você traz as montanhas até mim." Para Cal, ele falou: "Até um marxista como você deve gostar dessas montanhas." Todos riram.

Cal chamou Foucault de lado para conversar sobre psicologia. Ouvimos Foucault dizer que nosso inconsciente é moldado para e pelos outros. Para discernir a natureza do inconsciente, deveríamos ouvir tanto o nosso discurso quanto o dos outros.

Após alguns instantes de silêncio olhando o imenso cânion San Antonio, que abria suas coxas enormes como se fosse abraçar o oceano agachado no horizonte, enfim continuamos pela trilha, que era consideravelmente longa. Jake disse que as imensas raízes expostas dos pinheiros, que fluíam pelos lados da montanha como vermes gigantes, sempre o lembravam da ideia sartreana de náusea e da ideia kierkegaardiana de doença até a morte. Foucault perguntou por que os americanos eram tão obcecados com a morte:

"Há tantos livros sobre a morte aqui", ele observou. "Nos Estados Unidos, as funerárias parecem monumentos, enquanto na França são quase imperceptíveis."

"Os americanos são muito materialistas. Eles tendem a pensar sobre a perda das suas coisas", Jim respondeu.

"E também são egoístas, por isso perder a si mesmo é uma perspectiva assustadora", Jake complementou.

"A mania religiosa é forte: a ânsia por uma vida melhor no além", John supôs.

"Você já viu *O ente querido*, aquele filme baseado no romance de Evelyn Waughs, sobre o cemitério ridículo e espalhafatoso de Forest Lawn, em Los Angeles?", David perguntou.

"Ah, sim, eu vi", Foucault respondeu. "Eu gostei. Diz muito sobre como os americanos enxergam a morte. Talvez possamos ir até lá para eu te ver posando nu", continuou, rindo, em alusão à réplica de uma escultura de Michelangelo que fica na entrada do cemitério.

"Você ainda defende a ideia de que, na morte do homem, seu rosto é apagado como o mar desfaz um desenho na areia?", Jim perguntou.[14] Ele disse a Foucault que havia carregado *As palavras e as coisas* em sua mochila durante um ano inteiro, aproveitando para ler sempre que possível.

"Eu hoje acho que o livro termina num tom muito pessimista", Foucault respondeu. "Desde então mudei minha visão. Sou mais esperançoso agora, especialmente considerando a juventude atual. Até na França as crianças estão estabelecendo novos tipos de relacionamento com suas famílias. Eu não acredito mais na face dos homens sendo apagada pelas ondas. Aquilo era muito apocalíptico."

Cal disse a Michel que sentia que precisava de algum tipo de psicoterapia. Ele perguntou se recomendava algum tipo. "O que você acha da freudiana?"

14 Referência ao parágrafo final de *As palavras e as coisas*, que foi traduzido da seguinte forma para o português: "Se estas disposições viessem a desaparecer tal como apareceram, se, por algum acontecimento de que podemos quando muito pressentir a possibilidade, mas de que no momento não conhecemos ainda nem a forma nem a promessa, se desvanecessem, como aconteceu, na curva do século XVIII, com o solo do pensamento clássico — então se pode apostar que o homem se desvaneceria, como, na orla do mar, um rosto de areia". [N.E.]

Michel assentiu. "Freudiana seria bom."

"Levando em conta", eu disse, "que ultimamente Cal, assim como muitos de nós, tem oscilado entre a esquizofrenia revolucionária e a esquizofrenia clínica" — Foucault me interrompeu com uma risada prolongada, como se nunca tivesse escutado as ideias de Deleuze serem usadas de forma tão casual — "eu diria que a esquizoanálise pode ser mais adequada."

"Não dá para existir uma teoria geral da psicanálise, cada um precisa fazer a sua", observou Foucault.

A PISCINA

Chegamos a uma piscina natural em meio às rochas. Enquanto alguns tiraram os shorts de caminhada e entraram na água gelada, outro grupo se juntou a Foucault, que se sentou em uma pedra perigosamente empoleirada sobre uma cachoeira. Ele ficou impressionado com um bando de pássaros gaios-azuis que passaram saltitando e agora esperavam impacientes nas árvores por alguma comida humana.

David repreendeu Michel: "Não admire os gaios-azuis. Eles aprenderam a imitar o canto de todos os outros pássaros. Com essa arma, esses predadores interferem nos padrões de reprodução e criação dos outros pássaros. Eles estão dominando a floresta."

"Sim, os gaios me lembram certos grupos de pessoas", Chris disse.

Foucault ouviu atentamente e chegou mais perto de David.

Um pouco depois, retomei a conversa, para o desgosto de Foucault.

"Você conheceu Klossowski? Gosto muito da ideia de 'caos criativo', o conceito que ele usa para concluir o livro sobre Nietzsche."

"Ah, sim. Tenho grande estima por Klossowski. Que família incrível: Rilke era seu meio-irmão, e Balthus, o artista..." Foucault parou. Ele tinha assumido um tom sério, quase reverente, indicando profundo respeito pelo conhecimento criado por seus pares.

Foucault continuou falando com David sobre assuntos desse tipo por mais alguns minutos. Então David conduziu Michel a temas mais íntimos, um charme cativante que ele possuía. Ele ativou seu olhar profundo e questionador para perguntar:

"Michel, você é feliz?"

"Sou feliz com minha vida, não tanto comigo mesmo", respondeu.

"Em outras palavras, você não tem orgulho de si mesmo, mas é feliz com os rumos que sua vida tomou."

"Sim."

"Mas para mim é difícil fazer essa distinção. Se você gosta do jeito que sua vida se desenvolveu e sente alguma forma de responsabilidade por isso, então acho provável que você também se sinta bem consigo mesmo."

"Bom, eu não me sinto responsável pelo que aconteceu na minha vida."

"Mas você não acha que Nietzsche acreditava ser importante tentar sentir *a vontade* que você tem em si enquanto pessoa?"

"Não, eu não acho que Nietzsche quis dizer isso. Nietzsche estava usando o poder do indivíduo como instrumento para combater a ordem moral estabelecida, mas ele não pertence de forma alguma à tradição do individualismo, que entende o indivíduo como o mais importante no contexto histórico. Na verdade", Foucault continuou, "Nietzsche estava mostrando o quão pouco um homem é responsável por sua natureza, especialmente em relação ao que ele considerava ser sua moralidade. A moralidade é constituidora do ser individual. O indivíduo é contingente, formado pelo peso da tradição moral, não é autônomo."

"Que efeito você acha que a saúde de Nietzsche teve sobre ele? Você acha que ele ficou louco por causa da sua atitude intelectual — aquele 'caos criativo' que Simeon mencionou?", devolveu David.

"Temos que considerar dois aspectos sobre a saúde de Nietzsche. O primeiro é que ele estava sempre doente, e seu corpo estava falhando. Ele tinha a saúde frágil. Você precisa analisar a vida dele nesses termos. Claro, há a loucura de Nietzsche. Mas..." Foucault parou, exasperado.

Eu intervim perguntando quando o trabalho de Nietzsche, que eu sabia que Foucault estava editando em tradução francesa, tinha chamado sua atenção pela primeira vez.

"Eu li um pouco de Nietzsche quando estava estudando filosofia em Paris, mas foi só quando voltei para Paris da Suécia em 1959 que li Nietzsche *pra valer.* Desde então, me pergunto por que ele não me interessava quando eu era um estudante de filosofia."

"Me parece, Michel, que você é um nietzschiano, no sentido de que segue o lema 'viva perigosamente'", David comentou.

Foucault riu e disse: "Por que você diz isso?"

"Bom, e a viagem ao Vale da Morte?", David questionou, franzindo a testa.

"Ah, não foi arriscado. Eu tinha Simeon e Michael comigo", disse, ironicamente, como se concordasse com o comentário de David sobre sua tendência a assumir riscos.

"Sobre o que você pensou durante sua viagem?"

"Uma coisa que ficou clara para mim é por que eu gosto tanto de Malcolm Lowry. Entendi que Lowry tinha uma experiência alucinógena com o álcool. Ele o usava como uma visão, uma experiência da Verdade."

"Você gosta de cocaína?", John perguntou, fungando o nariz.

"Não muito, eu acho antiafrodisíaco."

Lance perguntou se Foucault tinha gostado dos homens brasileiros.

"Muito", ele disse. "Eu tenho um namorado no Brasil."

"Como você o conheceu?"

"Eu estava andando sozinho pela praia e ele passou, sorrindo diretamente para mim. Foi o suficiente. O que eu particularmente gosto no Brasil, e também na Califórnia, nesse sentido, é que os garotos não são orgulhosos nem arrogantes. Ao contrário da Europa, eles não ficam se achando; estão à vontade com o próprio corpo. São acessíveis. Um pouco como na Grécia Antiga."

"Por que você acha que os garotos brasileiros são tão acessíveis?", continuou Lance.

"Talvez porque muitos deles sejam pobres", Foucault respondeu.

Saímos da piscina e caminhamos um pouco mais até Bear Flats, um gramado exuberante cercado pelo monte Baldy. Tirei algumas fotos com minha Leica enquanto Foucault passeava com Lance entre as folhas verde-jade de um jardim de manzanitas. Eles estavam conversando sobre os homens do Marrocos. Quando voltaram, dei a triste notícia de que era hora de descer a montanha e voltar àquele oximoro infernal, a poluída Claremont.

Às vezes, Michel caminhava sozinho pela trilha, mas quase sempre estava acompanhado por algum dos rapazes. Eles não se cansavam da companhia uns dos outros. No final do caminho, Lance e eu conversávamos com Foucault enquanto descíamos uma perigosa escada de madeira que lembrava os filmes do Tarzan.

"Você gosta de ir ao cinema, Michel?", perguntei.

"Sim. Mas acabo perdendo a maioria dos filmes. Em Paris, os filmes costumam ficar em cartaz por um mês. Eu saio da cidade e, quando volto, o filme já era."

"Quais são os seus diretores favoritos?"

"Fellini, Antonioni, Polanski. Eu gostei muito de *Chinatown*."

"Nenhum diretor americano na sua lista?"

"Bem, acho que é estúpido não mencionar nenhum americano entre meus favoritos", disse Foucault. "Mas para mim é difícil gostar dos filmes americanos porque eles são muito determinados pelas demandas de Hollywood.

Se eu não entendo as técnicas do diretor e como elas funcionam no filme, é difícil saber exatamente o que ele está tentando dizer, particularmente quando o diretor trabalha com essas grandes produções."

"Algum diretor americano te vem à cabeça?", David perguntou, juntando-se a nós na parte final da trilha.

"Hitchcock. Eu vi *Psicose* recentemente e gostei muito. É barroco. Eu veria de novo. E *Um corpo que cai* também."

Foucault se virou para David: "Por que você não me conta um pouco mais sobre você?"

"Olha, na verdade, eu não queria falar sobre mim", David rebateu, "mas é impossível não falar. Sinto que não deveria porque você, Michel, é tão modesto, enquanto eu me sinto preso num ciclo vicioso de autoafirmação. Estudei fenomenologia para tentar entender o que acontece comigo."

"Mas a fenomenologia se tornou tão artificial!", Foucault exclamou. "Ela não chega mais ao coração da situação *empírica* das pessoas. Os fenomenologistas estão impedindo a humanidade de fazer as verdadeiras perguntas sobre a existência. Mas as questões da fenomenologia ainda têm sua importância, eu acho. É preciso atravessá-las."

"Então você não acha que estou sendo egocêntrico?"

"Ficar preocupado com estar muito envolvido consigo mesmo não faz bem; isso só intensifica sua introspecção", replicou Foucault. "Se, em certo momento, é isso que sua mente está fazendo, apenas deixe-a fazer. Não é algo que você deveria tentar mudar."

"Às vezes, acho que eu deveria simplesmente esquecer essas questões sobre mim mesmo", disse David. "É uma perda de tempo e energia. É autodestrutivo, em certo sentido."

"Ao contrário, você deveria enfrentar essas questões subjetivas, especialmente na juventude", Foucault comentou. "Uma pessoa que faz isso vai estar melhor psicologicamente a partir dos trinta anos. Se as pessoas não enfrentam essas crises psicológicas passageiras da juventude, então acabam tendo problemas depois dos trinta."

"Estou impressionado com o quanto você é sociável, Michel", Lance observou.

"Não, na verdade eu não sou nada sociável", confessou Foucault. "Eu tento evitar eventos sociais. Mas me sinto péssimo por magoar os outros. Recentemente alguns estudantes me levaram até Stanford, para dar uma palestra. Eles me disseram que a universidade tinha planejado um almoço para mim. Eu disse que desprezava esses almoços formais com os mandachuvas. Os estudantes contaram para eles o que eu tinha dito e o almoço foi sumariamente cancelado. Me senti péssimo."

"Você gostou de Stanford?", John perguntou.

"Não, nem um pouco. Eles são incrivelmente caretas."

"Quando você dá suas palestras, parece que está gostando", John continuou.

"Minhas palestras são boas quando eu me sinto bem", admitiu Foucault. "Me sinto feliz com as pessoas em determinadas situações. Geralmente quando não são muitas.

Antes de uma palestra, ou seja, antes de trabalhar, eu não consigo nem comer."

"Por que você se incomoda tanto quando muita gente vai te assistir?", John persistiu.

"Eu acho que esses eventos não são sérios", Foucault respondeu. "Se você tem tantas pessoas, é impossível ser sério. Você tem que ter condições de estabelecer contato para que haja uma comunicação genuína e séria sobre o que está acontecendo, sobre o que está sendo dito."

"E as grandes reuniões de estudantes em Paris durante o Maio de 1968? Não foram sérias?", Cal se intrometeu.

"É diferente", Foucault o advertiu. "Na França, a teatralidade dos manifestantes, seu lado caótico, eram um sinal do seu compromisso, da sua seriedade, da sua agressão ao sistema."

"Maio de 1968 te influenciou muito?", Jim perguntou.

"Decisivamente! Tornou possível o meu trabalho. O fenômeno dos anos 1960 me impressiona muito. Acho que a revolução que começou naquela época ainda está acontecendo, mas de uma forma muito mais silenciosa."

"Eu não consigo entender o apelo do maoísmo entre a esquerda francesa", Cal ressaltou. "A via chinesa não pode ser aplicada no Ocidente."

Foucault concordou: "Não pode. Os chineses têm uma abordagem estilizada das coisas."

"Eu li recentemente que o Partido Comunista Francês se posicionou contra o regime chinês", Cal continuou.

"Não me surpreende", salientou Foucault. "O Partido Comunista Francês ainda é muito influenciado pelos soviéticos."

David abruptamente se virou para Foucault e disse: "A psicologia acadêmica e o behaviorismo me tiram do sério."

"É a mesma coisa que fazer uma distinção entre psicologia clínica e psiquiatria", comentou Foucault. "Psicologia com sua ênfase em testes, psiquiatria com o seu..."

O diálogo parou porque chegamos ao estacionamento ao pé do cânion. Michel graciosamente se despediu da companhia dos rapazes. Quando entramos no carro, fui obrigado a dizer: "Michel, há tantos de nós que o amam. Você deve sentir que somos muito gratos por seu trabalho e pelo aprendizado que você nos deu."

Ele ficou surpreso e me olhou incrédulo. Mas agradeceu modestamente.

A SALA DOS FUNDADORES

No almoço tardio com alguns professores do Claremont Men's College, Foucault, ainda resplandecente com o calor e a serenidade do Bear Canyon, estava expansivo e charmoso. Uma professora de história se esforçou para conversar com ele sobre sua especialidade, a história militar dos Estados Unidos no início do século XIX. Por fim ela desistiu e, vendo que era impossível conversar sobre qualquer outra coisa, perguntou o que ele tinha achado da viagem ao Vale da Morte.

Ele respondeu: "Foi a melhor experiência da minha vida."

Depois do almoço, levei Foucault ao meu escritório na Claremont Graduate School. Contei que, durante minhas primeiras semanas ali, quando fazia muito frio nas montanhas, eu, David e nossos cachorros dormíamos em meu escritório. Éramos pobres demais para bancar um apartamento. Certa manhã perdemos a hora, e a secretária nos flagrou quase pelados no chão do escritório. Foucault riu muito da história.

Eu lhe mostrei os manuscritos do livro que eu tinha acabado de escrever, *Luxury and restraint in the Enlightenment* [Luxo e restrição no Iluminismo]. Ele demonstrou aprovação, nada mais. Fiz uma cópia de um artigo que tinha acabado de escrever, chamado "The early Foucault"

[Foucault inicial]. Ele olhou para o manuscrito e sorriu, mas não leu sequer a primeira frase.

"Quando falo alguma coisa", ele disse, com seus olhos de aço dirigidos diretamente para mim, "eu estou falando para o presente. O que eu digo não busca falar para o futuro, pelo menos no sentido de que irá necessariamente se aplicar ao futuro ou de que eu possa saber como será usado no futuro."

A última tarefa oficial que ele teve de enfrentar foi um debate com meus alunos na Sala dos Fundadores. Michel sorriu ao entrar no recinto de paredes ornamentadas. Dava para ver que ele estava muito satisfeito com o caráter e a receptividade do grupo. Aparentemente, era o tipo de companhia de que ele gostava.

Foucault se sentou em cima da mesa de pernas cruzadas e começou a responder às perguntas, com a desenvoltura de um Gielgud. Parecia que a viagem ao Vale da Morte e a trilha do Bear Canyon tinham deixado Michel ainda mais extrovertido, e sua eloquência ainda mais afiada. Ele generosamente falou em inglês e manteve aquele charme incomparável, aquela qualidade depurada de se expressar claramente. Um dos alunos gravou o diálogo em áudio. Toni Tosch, uma habilidosa secretária em Claremont, fez um trabalho esplêndido ao transcrevê-lo. Eu o editei ligeiramente para tornar a sintaxe em inglês mais fluente.[15]

15 O diálogo a seguir foi publicado pela primeira vez no zine *Chez Foucault*, editado por Simeon Wade em 1978. Para outra tradução em

ESTUDANTE Eu queria perguntar sobre a relação entre discurso e poder. Se o discurso é o centro de um poder independente, a fonte do poder — se é que "fonte" é a palavra certa —, como você faz para encontrá-la? Qual a diferença entre o que você faz em sua análise do discurso e o que o método tradicional da fenomenologia busca fazer?

FOUCAULT Eu não tento encontrar por trás do discurso algo que seria o poder ou que seria a fonte do discurso como numa descrição fenomenológica ou em qualquer outro método de interpretação. Nós partimos do discurso *como ele é*. Em uma descrição fenomenológica, você tenta, a partir do discurso, descobrir algo sobre o sujeito discursante; você tenta encontrar as intenções da forma de pensamento do sujeito discursante.

O tipo de análise que eu faço não lida com o problema do sujeito discursante, mas olha para as formas com as quais o discurso cumpre um papel dentro do sistema estratégico em que o poder está envolvido, em que o poder está trabalhando. Então o poder não é algo exterior ao discurso. O poder não é algo como a fonte ou a origem do discurso. O poder é algo que está trabalhando através do discurso, já que o

português, ver FOUCAULT, "Diálogo sobre o poder", em *Ditos e escritos*, v.4, p.253–66.

discurso em si é uma peça de um sistema estratégico de relações de poder.

ESTUDANTE Supondo que você escreva sobre esse sistema de discurso, o texto resultante capta esse poder? Ele replica ou repete o poder? Seriam essas as palavras? Ou você quer dizer que ele busca o poder e o significado — ou, poderíamos dizer, "tem o poder como seu significado"?

FOUCAULT Não, o poder não é o significado do discurso. O discurso é uma série de elementos que funcionam dentro do mecanismo geral de poder. Então, você tem que tomar o discurso como uma série de eventos, como eventos políticos pelos quais o poder é transmitido e conduzido.

ESTUDANTE Eu me preocupo com o texto dos historiadores. O que, de fato, um historiador diz sobre o discurso do passado? Qual a relação entre o poder e o texto do historiador?

FOUCAULT Eu não entendo exatamente por que você fala sobre o discurso dos historiadores. Mas posso dar um exemplo que me é mais familiar: o problema da loucura, do discurso sobre a loucura, e do que foi dito em certos períodos sobre a loucura. Eu não acho que o problema seja saber quem registrou o discurso, qual era o modo de pensar ou mesmo a percepção da loucura na consciência das pessoas durante um período em particular, mas olhar para o discurso sobre a loucura, para as instituições sobre a loucura, para o modo como as pessoas eram excluídas por não terem um trabalho ou serem homossexuais etc. Todos esses elementos pertencem a um sistema de poder no qual o discurso é apenas uma peça relacionada a outras. São elementos que formam parcerias. A análise consiste em descrever as relações recíprocas entre esses elementos.

ESTUDANTE Na noite passada, você comentou que acabou de terminar um livro sobre a reforma penal, os sistemas legais e o tipo de exclusão que existe nesse contexto. Gostaria de saber se é possível desenvolver um modelo de poder em termos do sistema prisional. Como você vê o que é feito com os prisioneiros? É punição e reabilitação?

FOUCAULT Bem, eu acho que descobri a imagem para esse tipo de poder, esse sistema de poder. Eu a encontrei muito bem descrita no panóptico de Bentham. Nós podemos descrever bem genericamente o sistema de exclusão da loucura nos séculos XVII e XVIII. No final do século XVIII, a sociedade levou adiante um modo de poder que não era baseado na *exclusão*, como ainda dizemos, mas na *inclusão* no sistema no qual todos deveriam ser colocados, catalogados, observados dia e noite, no qual todos estariam conectados à própria identidade.

Você sabe, Jeremy Bentham sonhou com a prisão perfeita — bem, com o tipo de edifício que poderia ser tanto hospital como prisão, ou manicômio, ou escola, ou fábrica —, na qual haveria uma torre central com janelas por todos os lados. Então, um espaço vazio e outro edifício com celas e janelas aqui, aqui e aqui [Foucault desenhou na lousa o modelo de prisão de Bentham].

Em cada uma dessas celas haveria um trabalhador, ou um louco, ou um estudante, ou um prisioneiro. Você só precisa de um homem aqui na torre central para observar exatamente o que eles estão fazendo o tempo todo nessas pequenas celas. Para Bentham, esse é o modelo ideal para essas instituições. Encontrei em Bentham o Cristóvão Colombo da política. Eu acho que o panóptico é uma espécie de fundamento mitológico do novo tipo de sistema de poder que nossa sociedade usa atualmente.

ESTUDANTE Você se considera um filósofo ou um historiador?

FOUCAULT Nenhum dos dois.

ESTUDANTE Mas a história não é o principal tema do seu trabalho? Qual é a base da sua noção de história?

FOUCAULT Meu programa tem sido a análise do discurso, mas não com a perspectiva do "ponto de vista". Meu programa também não está baseado em métodos linguísticos. A noção de estrutura não tem significado para mim. O que me interessa no problema do discurso é o fato de que alguém disse algo em algum momento.

Não quero ressaltar o significado, mas a função do fato de que essa coisa tenha sido dita por alguém naquele momento. É isso que eu chamo de "evento". Para mim, o problema é tomar o discurso como uma série de eventos e traçar relações e descrever os relacionamentos entre esses eventos, que podemos chamar de eventos discursivos, com outros eventos do sistema econômico ou do campo político ou das instituições, e por aí vai.

Desse ponto de vista, o discurso nada mais é do que um evento como os outros. Mas, obviamente, um evento discursivo tem funções específicas. Um problema similar é o de observar o que constitui as funções específicas do discurso e olhar para os tipos particulares de discurso. Eu também estudo as funções estratégicas de tipos particulares de eventos discursivos em um sistema político ou de poder. É o suficiente?

ESTUDANTE Como você descreveria a sua visão de história? Como a dimensão da história se relaciona com o discurso?

FOUCAULT Como eu considero o discurso *uma série* de eventos, automaticamente estamos na dimensão da história. O problema é que, por cinquenta anos, a maioria dos historiadores escolheu estudar e descrever estruturas, e não eventos. Agora está acontecendo uma espécie de retorno aos eventos no campo da história.

O que quero dizer é que, no século XIX, o que historiadores chamavam de "evento" era uma batalha, uma vitória, a morte de um rei ou algo assim. Contra esse tipo de história, historiadores de colônias ou sociedades, e assim por diante, mostraram que na história existem diversas estruturas permanentes. A tarefa dos historiadores era deixar essas estruturas às claras. Na França, podemos ver esse objetivo no trabalho de Lucien Febvre, Marc Bloch e outros. Agora, os historiadores estão retornando aos eventos e tentando observar de que forma podemos falar de evolução econômica ou demográfica como um evento.

Como exemplo, vou partir de um ponto que tem sido estudado há muitos anos: a operação do controle de natalidade na vida sexual das sociedades ocidentais ainda é muito enigmática. Esse fenômeno é muito importante do ponto de vista econômico e também biológico. Nós sabemos que o controle de natalidade vem sendo praticado na Inglaterra e na França há muitos séculos. Claro, a prática do controle de natalidade ocorre principalmente em pequenos círculos aristocráticos, mas também entre pessoas muito pobres. Sabemos agora que no sul da França e no interior do país o controle de natalidade vem sendo praticado sistematicamente desde a segunda metade do século XVIII. Isso é um evento.

Vejamos outro exemplo: desde um momento particular no século XIX, o percentual de proteína na comida vem crescendo, e o percentual de cartilagem, diminuindo. Isso constitui um evento histórico, biológico e econômico. Os historiadores agora estão engajados em estudar esses processos como novos *tipos* de eventos. Acho que isso é algo que pessoas como eu têm em comum com os historiadores. Não sou um historiador no sentido estrito. Mas compartilhamos o interesse pelos eventos.

ESTUDANTE Neste novo tipo de investigação histórica, qual é o lugar do que você chama de "arqueologia do saber"? Seu uso do termo "arqueologia do saber" se refere a um novo tipo de metodologia ou é uma simples analogia entre as técnicas da arqueologia e da história?

FOUCAULT Vou voltar um pouco e acrescentar algo ao que eu estava dizendo sobre os eventos como principais objetos de pesquisa. Nem a lógica do significado nem a lógica da estrutura são pertinentes para esse tipo de pesquisa. Não precisamos da teoria e da lógica do significado, não precisamos nem da lógica nem do método da estrutura; precisamos de outra coisa.

ESTUDANTE Entendi. Será que, agora, você poderia comentar se a arqueologia do conhecimento é uma nova metodologia ou apenas uma metáfora?

FOUCAULT Bem...

ESTUDANTE Ela é central para a sua concepção de história?

FOUCAULT Eu uso a palavra "arqueologia" por duas ou três razões principais. A primeira é que podemos brincar com a palavra "arqueologia". *Arché*, em grego, significa "começo". Nós também podemos usar a palavra *l'arche*, que em francês significa "arquivo", a forma com a qual eventos discursivos foram registrados e podem ser extraídos. Então "arqueologia" se refere ao tipo de pesquisa que tenta desenterrar eventos discursivos como se estivessem registrados em um *arche*.

A segunda razão se relaciona com um objetivo particular meu. Quero reconstituir um campo histórico em sua totalidade, com todas as conexões políticas, econômicas, sexuais e assim por diante. Meu problema é encontrar o que analisar, qual foi o fato do discurso. Nesse sentido, não tento ser um historiador, mas saber por que e em quais vias ocorrem conexões entre eventos discursivos. Se faço isso, é porque gostaria de saber simplesmente o que somos *agora*, nos dias atuais. Quero focar o que está acontecendo conosco hoje, o que nós somos, o que é a nossa sociedade. Acho que nossa sociedade e o que somos têm uma dimensão histórica profunda, e nesse espaço histórico os eventos discursivos que aconteceram séculos atrás, ou anos atrás, são muito importantes. Estamos enredados nesses eventos discursivos. Em certo sentido, não somos nada além do que foi dito, séculos, meses e semanas atrás, e assim por diante.

ESTUDANTE Me parece que qualquer teoria do poder, tanto baseada em estruturas como em funções, sempre implica um aspecto qualitativo. Se você vai estudar a estrutura ou a função dos eventos do poder em uma sociedade particular — por exemplo, na Espanha de Franco ou na China de Mao —, você tem estruturas e usos do poder qualitativamente diferentes. Nesse sentido, acho que qualquer teoria do poder precisa contemplar seus fundamentos ideológicos. Portanto, é muito difícil estabelecer o tipo de evento ou explicações sobre a estrutura ou a função do poder separadamente das suas conotações políticas. Então você vê que não é algo livre ideologicamente.

FOUCAULT Não posso dizer nada além de que concordo.

ESTUDANTE Mas, se você concorda, não acha que essa é uma séria limitação na tentativa de construir um paradigma de poder baseado em convicções políticas?

FOUCAULT Essa é razão pela qual não quero descrever um paradigma do que é o poder. Eu gostaria de observar as formas com as quais diferentes mecanismos de poder funcionam em nossa sociedade, entre nós, dentro de nós, fora de nós. Eu gostaria de saber de que formas nossos corpos, nosso comportamento cotidiano, nosso comportamento sexual, nosso desejo, nossos discursos teóricos e científicos estão conectados com diferentes sistemas de poder, que, por sua vez, estão conectados uns aos outros.

ESTUDANTE De que maneira sua posição difere de uma pessoa que adota a interpretação materialista da história?

FOUCAULT Acho que a diferença é que no materialismo histórico você precisa localizar as forças políticas na base do sistema, e então nas relações de produção e assim por diante, até encontrar a estrutura, a superestrutura ideológica e jurídica, e finalmente o que vai formar o nosso próprio pensamento, assim como a consciência dos proletários.

Acho que as relações de poder são mais simples, mas ao mesmo tempo muito mais complicadas — simples no sentido de que você não precisa dessas construções piramidais, e muito mais complicadas no sentido de que há uma série de relações recíprocas entre, por exemplo, a tecnologia do poder e o desenvolvimento das forças produtivas.

Não é possível entender o desenvolvimento das forças produtivas se não se perceber a indústria e a sociedade como um tipo particular entre diversos tipos de poder em ação — isto é, em ação dentro das forças produtivas. O corpo humano é uma força produtiva, sabemos disso, mas o corpo humano não existe *assim*, como um artigo biológico, como uma peça de um material. O corpo humano é algo que existe dentro e através de um sistema político. O poder político nos dá algum espaço, espaço para agir, para ter certa atitude, para sentar de uma determinada maneira, para trabalhar o dia inteiro e assim por diante.

Marx pensou, e escreveu, que o trabalho constitui a existência concreta da humanidade. Penso que *essa* é uma ideia tipicamente hegeliana. O trabalho não é a essência concreta da humanidade. Se a humanidade trabalha, se o corpo humano é uma força produtiva, é porque a humanidade é obrigada a trabalhar. É obrigada a trabalhar porque está sob forças políticas, porque está inserida em mecanismos de poder, e por aí vai.

ESTUDANTE O que realmente me incomoda é se essa posição não falsifica a premissa básica de Marx. Ele pensava que, se as pessoas são obrigadas a trabalhar, então somos obrigados a entrar em algum tipo de socialização para levar a cabo o processo de produção. Como consequência disso, temos as chamadas relações estruturais.

Se quisermos entender os tipos de relações sociais existentes em uma sociedade específica, precisamos pesquisar os tipos de estruturas de poder conectados com os processos de produção. Não acho que isso seja uma relação determinada. Quer dizer, realmente acho que é uma relação recíproca, uma relação dialética.

FOUCAULT Não aceito essa palavra, "dialética". Não, não! Vou deixar isso bem claro. A partir do momento em que você diz "dialética", passa a aceitar, mesmo que não diga, o esquema hegeliano de tese/antítese e uma espécie de lógica que penso ser inadequada para fazer uma descrição real e concreta desses problemas. Uma relação recíproca não é uma relação dialética.

ESTUDANTE Mas, se você só aceita a ideia de "recíproco" para descrever essas relações, ignora qualquer tipo de contradição. É por isso que eu penso que o uso da palavra "dialética" é importante.

FOUCAULT Bem, vamos examinar a palavra "contradição". Mas primeiro preciso dizer que estou feliz por você ter feito essa pergunta. Ela é muito importante. Veja, a palavra "contradição" tem um sentido particular no campo da lógica. Na lógica das proposições, você realmente sabe o que é uma contradição. Mas, quando você olha para a realidade e procura descrever e analisar diversos processos, percebe que essas zonas da realidade não contêm nenhuma contradição.

Olhe para o campo da biologia. Você encontra uma série de processos de antagonismo recíproco, mas isso não significa que encontrou contradições. Não significa que um lado do processo de antagonismo é positivo e o outro, negativo. Acho que é realmente importante entender esse conflito; processo de antagonismo e coisas do gênero não significam contradição no sentido lógico, como o ponto de vista dialético pressupõe. Não há dialética na natureza. Vou ter que discordar de Engels, mas na natureza — e Darwin demonstrou isso muito bem — existem muitos processos de antagonismo. Mas eles não são dialéticos. Acredito que esse tipo de formulação hegeliana não se sustenta.

Se eu continuamente insisto que existem processos de conflito, luta, mecanismos antagonistas etc., é porque encontro esses processos na realidade. Eles não são dialéticos. Nietzsche falou muito sobre esses processos, até com mais frequência do que Hegel. Mas Nietzsche descreveu esses antagonismos sem referências a relações dialéticas.

ESTUDANTE Podemos aplicar isso a uma situação concreta? Se considerarmos o sujeito do trabalho em uma sociedade industrial, digamos, na relação com um problema específico dos trabalhadores, essa relação é recíproca ou antagonista ou o quê? Se analisar meus próprios problemas nessa sociedade, eu os verei como relações recíprocas ou como relações antagonistas?

FOUCAULT Nem um, nem outro. Agora você está invocando o problema da alienação. Mas, veja, há uma série de coisas que podemos dizer sobre alienação. Quando você diz "meus problemas", você entra nas grandes questões teóricas e filosóficas — por exemplo, o que é propriedade, o que é o sujeito humano. Você disse "*meus* problemas". Bom, essa seria outra discussão.

O fato de que você tem o seu trabalho e que o produto do seu trabalho pertence a outra pessoa, isso é uma coisa. Não é contradição, não é uma combinação recíproca, é um problema de luta, de conflito. Enfim, o fato de que o seu trabalho pertence a outra pessoa não toma uma forma dialética. Não constitui uma contradição. Você pode acreditar que é moralmente indefensável, que você não pode aceitar, que é preciso lutar contra esse fato — sim, é verdade. Mas não é uma contradição, não é uma contradição lógica. E eu acho que essa lógica dialética é muito pobre; é fácil de usar, mas é muito pobre se você quiser formular significados precisos, descrições, e analisar os processos de poder.

ESTUDANTE Quais são os conceitos normativos que estão sob sua pesquisa, se é que há algum?

FOUCAULT Esse não é um assunto sobre o qual falamos no evento de ontem à noite, quando alguém me perguntou sobre o que deveríamos fazer?

ESTUDANTE Eu acho que não. Por exemplo, a escolha dos seus temas. O que o leva a escolher um assunto e não outros?

FOUCAULT Bom, isso é bem difícil de responder. Eu poderia responder em um nível pessoal, em um nível conjectural ou em um nível teórico. Vou me concentrar no segundo ponto, o conjectural.

Tive uma discussão com alguém ontem à noite. A pessoa disse: "Você trabalha em campos como loucura, sistema penal etc., mas tudo isso não tem nada a ver com política". Bem, penso que ele está certo sob o ponto de vista do marxismo tradicional. Isso significa que, durante os anos 1960, problemas como a psiquiatria e a sexualidade eram considerados marginais em comparação aos grandes problemas políticos — a exploração dos trabalhadores, por exemplo.

Naquela época, entre os esquerdistas na França e na Europa, ninguém olhava para problemas como a psiquiatria e a sexualidade porque eram considerados marginais e sem importância. Mas penso que, desde a desestalinização, a partir dos anos 1960, descobrimos que um monte de coisas que antes pensávamos ser desimportantes e marginais são, na verdade, centrais no campo político, porque o poder político não reside apenas nas grandes formas institucionais do Estado, no que chamamos de aparato estatal.

Não há um lugar único em que o poder atua, mas sim muitos lugares: na família, na vida sexual, no jeito como as pessoas loucas são tratadas, na exclusão dos homossexuais, nas relações entre homens e mulheres e assim por diante. Todas essas são relações políticas. Não podemos transformar a sociedade sem mudar essas relações. O exemplo da União Soviética tem sido decisivo. Podemos dizer que, após a Revolução [de 1917], as relações de produção mudaram na União Soviética. O sistema legal de propriedade mudou. E também a política. As instituições foram transformadas desde a Revolução. Mas todas as pequenas e muito minuciosas relações de poder na família, na sexualidade, na fábrica, entre os trabalhadores etc., todas essas relações na União Soviética ainda são como nos outros países ocidentais. Nada *realmente* mudou.

ESTUDANTE No seu trabalho recente sobre o código e o sistema penais,[16] você se refere à importância do panóptico de Bentham. Em *A arqueologia do saber*, você afirma que iria examinar os efeitos do discurso psiquiátrico sobre o código penal. Agora eu me pergunto se você considera o modelo prisional de Bentham parte do discurso psiquiátrico ou se apenas o considera uma

16 Referência a *Vigiar e punir*, publicado originalmente em fevereiro de 1975. [N.E.]

evidência de como o discurso psiquiátrico influenciou o código penal.

FOUCAULT A segunda opção, eu diria. Eu acho que Bentham deu a esse tipo de problema não apenas uma imagem, mas também um texto. Para ele, era realmente uma nova tecnologia de poder que poderia ser aplicada na saúde mental e também em muitas outras situações.

ESTUDANTE Então você acha que o trabalho específico de Bentham exerceu uma influência por si só ou é apenas representativo das influências gerais no discurso científico?

FOUCAULT Com certeza Bentham teve enorme influência, e é possível discernir seus efeitos diretos. Por exemplo, o modo como prisões foram construídas e administradas na Europa e nos Estados Unidos é derivado diretamente de Bentham.

No começo do século XX, nos Estados Unidos — não me lembro onde —, uma prisão específica foi considerada um modelo maravilhoso, com algumas pequenas adaptações, para um hospital psiquiátrico. Se é verdade que um sonho tão paranoico quanto o de Bentham e seu panóptico exerceram uma influência tão grande, é porque naquele momento uma nova tecnologia de poder estava sendo construída na sociedade. Por exemplo, o novo sistema de vigilância no exército, na escola — o modo como as crianças são colocadas sob vigilância todos os dias pelos professores — e assim por diante, tudo isso estava acontecendo ao mesmo tempo, e o processo completo pode ser encontrado no sonho paranoico de Bentham. É o sonho paranoico de nossa sociedade, a *verdade paranoica* de nossa sociedade.

ESTUDANTE Voltando às influências recíprocas e ao seu desapontamento com a atenção que vem sendo dada ao sujeito discursante, seria correto destacar Bentham? Bentham não era ao mesmo tempo influenciado pelas práticas das escolas, da vigilância, do exército etc.? Não deveríamos dizer que é impróprio focar Bentham por si e dirigir nossa atenção para todas essas influências irradiando da sociedade?

FOUCAULT Sim.

ESTUDANTE Você disse que somos obrigados a trabalhar. Nós queremos trabalhar? Nós escolhemos trabalhar?

FOUCAULT Sim, queremos trabalhar, desejamos trabalhar, amamos trabalhar, mas o trabalho não é a nossa essência. Dizer que queremos trabalhar é muito diferente de definir nossa *essência* em termos de nosso desejo por trabalhar. Marx dizia que o trabalho é a essência da humanidade. Essa concepção é essencialmente hegeliana. É muito difícil integrá-la em uma luta de classes do século XIX.

Você talvez saiba que Lafargue, o genro de Marx, escreveu um breve livro[17] sobre o qual ninguém fala nos círculos marxistas. A negligência a esse livro de Lafargue me diverte. É uma indiferença irônica: mais do que isso, é sintomática! Ele escreveu um livro no século XIX sobre o amor da humanidade à preguiça. Para ele, era realmente impossível imaginar que o trabalho é a essência do homem. Entre a humanidade e o trabalho não há uma relação essencial.

ESTUDANTE É só algo que fazemos.

FOUCAULT O quê?

ESTUDANTE Trabalhar!

FOUCAULT Às vezes, sim.

ESTUDANTE Você poderia comentar a relação entre a loucura e o artista? Talvez se referindo a Artaud. Como podemos relacionar Artaud, o louco, com Artaud, o artista, se é que podemos ou deveríamos?

FOUCAULT Olha, eu realmente não posso responder a essa pergunta. Eu diria que a única questão que me interessa é por qual motivo é possível que, do final

17 *O direito à preguiça*, publicado originalmente em 1880. [N.E.]

do século XVIII até hoje, a loucura tenha sido e continue sendo algo relacionado ao gênio, à beleza, à arte e assim por diante. Por que temos essa ideia curiosa de que se alguém é um grande artista deve haver algo de louco nele?

Poderíamos dizer a mesma coisa sobre o crime. Quando alguém comete um belo crime, as pessoas não pensam que o criminoso é um gênio, mas sim que ali pode haver loucura. A relação entre loucura e crime e beleza e arte, e assim por diante, é muito enigmática. Acredito que devemos tentar entender por que pensamos nessas relações como algo evidente. Mas não gosto de tratar diretamente dessas questões — questões como: os artistas são loucos?, ou em que sentido os artistas e os criminosos são loucos? O pressuposto de que essas relações são evidentes persiste em nossa sociedade. Mas essas ligações são muito típicas da nossa cultura.

ESTUDANTE Ontem à noite você chamou Sartre de "o último profeta". Você sugeriu que a tarefa dos intelectuais hoje é desenvolver as ferramentas e as técnicas para a análise, entender os diferentes modos pelos quais o poder se manifesta. Você não é um profeta? Você não prevê eventos ou as formas como suas ideias serão usadas?

FOUCAULT Eu sou um jornalista. Estou interessado no presente. Uso a história para entender o que está acontecendo conosco agora.

ESTUDANTE Então você está dizendo que aquilo que é feito com as descobertas e com as ferramentas criadas pelos intelectuais não é de responsabilidade deles? Você está sugerindo que o problema do que fazer com o trabalho dos intelectuais diz respeito aos trabalhadores, ao povo? Você pode antecipar os modos como suas ferramentas e análises serão usadas? Você consegue prever formas pelas quais elas possam ser usadas e com as quais não concordaria?

FOUCAULT Não, não posso antecipar. Acho que devemos ser muito modestos sobre os eventuais usos políticos do que estamos dizendo e fazendo. Eu não acho que exista algo como uma filosofia conservadora ou uma filosofia revolucionária. A revolução é um processo político; é um processo econômico. A revolução não é uma ideologia filosófica. E isso é importante. Essa é a razão pela qual algo como a filosofia hegeliana foi uma ideologia revolucionária, um método revolucionário e uma ferramenta revolucionária, mas *também* conservadora.

Veja Nietzsche. Nietzsche nos trouxe ideias maravilhosas, ou ferramentas, se você preferir. Ele foi utilizado pelo partido nazista. Hoje, muitos pensadores de esquerda o utilizam. Então não podemos ter certeza se o que estamos dizendo é revolucionário ou não. Isso é, acho eu, a primeira coisa que temos de reconhecer. O que não significa que devemos apenas produzir ferramentas bonitas, ou úteis, ou divertidas, e então escolher quais delas colocar no mercado caso alguém queira comprá-las e usá-las.

Não tem problema algum nisso, mas há muito mais. Se você está tentando fazer algo — por exemplo, produzir uma análise ou formular uma teoria —, precisa saber precisamente como quer que ela seja utilizada, com quais propósitos quer fazer uso da ferramenta que você está construindo — *você* — e como quer que suas ferramentas se relacionem com outras que estão sendo fabricadas ao mesmo tempo. Então penso que a relação entre a situação presente e o que você está fazendo em um quadro teórico é muito importante. Você tem de tornar essas relações muito claras em sua mente. Você não pode produzir ferramentas para *qualquer* propósito, você tem de produzi-las para um propósito, mas ciente de que talvez elas sejam usadas de outros modos.

O ideal não é produzir ferramentas, mas fabricar bombas, porque, quando você usa suas próprias bombas, ninguém mais pode usá-las. E devo acrescentar que o meu sonho, meu sonho pessoal, não é exatamente fabricar bombas, porque não gosto de matar pessoas. Eu gostaria de escrever livros-bombas — ou seja, livros que são úteis bem no momento em que são escritos ou lidos pelas pessoas. Depois eles desapareceriam. Os livros deveriam desaparecer logo após serem lidos ou usados. Livros deveriam ser um tipo de bomba e nada mais. Depois da explosão, as pessoas poderiam lembrar que os livros fizeram uma bela exibição de fogos de artifício. Tempos depois, os historiadores poderiam relatar que tal ou tal livro foi útil como uma bomba e bonito como fogos de artifício.

Bem, eu gostaria de agradecê-los muito. Fiquei muito contente de estar aqui, ouvindo e respondendo às suas questões. Foi muito interessante e fiquei bastante impressionado com tudo que vocês me disseram e sabem sobre meu pobre trabalho. Sinto que não mereço essa atenção, mas fico muito grato que vocês saibam tanta coisa. E, de todo modo, gostaria muito de voltar a encontrá-los.

Logo depois da discussão, um professor de literatura comparada se adiantou e pediu que Foucault fizesse um último comentário sobre Artaud.

"Não posso", ele respondeu. "Sabe, não tenho muito interesse em literatura."

Enquanto isso, um professor especializado em governo estadunidense se aproximou e confessou a Foucault que queria muito ensinar algumas ideias novas sobre criminologia, mas que um passo tão audacioso assim era impensável. Afinal, o que pensariam seus colegas, para não falar da reitoria? Ele perderia privilégios e prestígio.

Antes que Foucault pudesse responder a essa imbecilidade, reconheci um medalhão poderoso, professor de história dos Estados Unidos. Eu amavelmente apresentei Foucault a ele, mas Vossa Eminência nem ligou. Diante do nosso distinto visitante francês, ele apenas o olhou de relance e saiu andando. Fiquei atônito com sua incivilidade. Eu sabia que ele era obcecado pelos Estados Unidos e que em sua única viagem para fora do país, uma visita a Paris, ele anunciou com orgulho que estava voltando aos Estados Unidos depois de dois dias, porque sentia muita falta de sua terra natal. Eu suspeito que a xenofobia, somada à homofobia, explique sua atitude rude com Michel Foucault.

Então um professor de inglês, que agia como se fosse uma mistura de Rei George III com Barão de Charlus, entrou em campo, encurralou Foucault e exigiu saber o que ele pensava sobre Virginia Woolf.

Foucault, um pouco angustiado, exclamou: "Sem mais perguntas!"

SAMBO'S

Foi um grande alívio nos livrar dos acadêmicos. Fomos encontrar Mike e David. Foucault tinha apenas algumas horas antes de pegar o voo. No caminho para o aeroporto de Ontario, levamos Foucault ao Sambo's, um café na entrada da *freeway* de San Bernardino. O lugar era decorado com cenas de uma história famosa sobre as aventuras de um grupo de crianças negras na selva. Havia um tom de racismo sutil e malicioso naquela decoração.

"Como esse é o café mais escondido da cidade", eu expliquei, "me refugiei aqui alguns anos atrás quando eu e David terminamos. Eu tomava café e lia Proust."

"Um lugar perfeito para se ler Proust", Foucault comentou. "Balbec!" A analogia de Foucault entre esse restaurante brega e a estância burguesa, que tem tanta importância no romance de Proust, fez minha cabeça girar. Com apenas um comentário, Foucault me fez entender a natureza da burguesia de uma forma completamente diferente.

Foucault pediu um sanduíche de peru e um chá gelado.

"O que você faria se fosse pego no aeroporto de Paris com maconha na bagagem?", inquiriu David.

"Eu faria uma declaração ao povo francês dizendo que a maconha, o haxixe e outras drogas similares deveriam ser descriminalizadas", disse Foucault. "Eu apontaria o absurdo que é encarcerar garotos pegos com dois gramas de maconha enquanto nossa cultura promove o álcool."

Foucault repentinamente virou-se para observar algo acontecendo na entrada do café. "Olhem só aquele Mercedes que está chegando", comentou. "Não se vê isso na Europa. Ninguém que dirige esse tipo de carro viria comer em um lugar como este. David, você gostaria de um carro desses?"

"Não, eu queria ter um Porsche. Mas acontece que eu já tive um Porsche e o vendi, porque me sentia mal de ter um carro tão luxuoso."

"Ah, então você tomou uma decisão *ética*", Foucault disse, com ênfase.

"Acho que podemos dizer isso."

"Que carro você tem, Michel?", perguntou Mike.

"Eu tenho um Renault velho", Foucault respondeu timidamente.

Ficamos em silêncio enquanto comíamos nossos sanduíches. Um pouco depois, Foucault iniciou outra rodada de conversa:

"Olhem para os clientes", observou. "Estão todos vestidos iguais, falando sobre as mesmas coisas da mesma maneira, comendo o mesmo tipo de comida. Por que existe tanta *mesmice* nos Estados Unidos? Os padrões de consumo aqui são tão limitados, tão homogêneos."

“Tem algum lugar nos Estados Unidos que você ache diferente?”, perguntou Mike.

“Sim, as universidades. Se você não passar algum tempo nas universidades, pode pensar que todo mundo nos Estados Unidos é igual. Se um estudante estivesse aqui, ele no mínimo iria se diferenciar por suas roupas. Ele não iria fazer parte do grupo.”

“As universidades na Califórnia estão na defensiva”, eu disse, “assim como todos os serviços sociais desde que Ronald Reagan assumiu o governo do estado.”

“Sim, eu sei de Reagan e das mudanças políticas que ele representa”, Foucault assentiu. “O que está acontecendo nas universidades é muito misterioso para mim. Seja lá o que for, está acontecendo no mundo inteiro. Eu sinto que meu envolvimento com Berkeley vai me permitir identificar exatamente o que está acontecendo nas universidades.”

O café ficava bem de frente a uma estação de bombeiros, o que levou Foucault a comentar: “Reparei que aqui nos Estados Unidos existem muitas estações de bombeiros. O fogo é o principal mito nos Estados Unidos, mas aqui na Califórnia são os terremotos. Os americanos realmente se apegam aos seus mitos.”

“O mito dos terremotos é tão forte aqui que algumas pessoas acreditam que a Califórnia vai se separar do continente”, disse Mike.

“A Califórnia não afundaria no oceano, então não seria um desastre”, Foucault rebateu. “Pelo contrário, a

Califórnia se tornaria uma ilha e flutuaria em direção à China. Levaria milhares de anos até chegar à China, mas enquanto isso estaria apenas flutuando, com o povo californiano fazendo suas coisas, separados, em um sentido físico e geográfico, do resto dos Estados Unidos e do mundo ocidental."

"Você acha que a ponte Golden Gate olha para o leste do mesmo jeito que a Estátua da Liberdade encara a Europa, o Velho Mundo?", Mike perguntou. "Que a ponte e a estátua olham em direções opostas, que a ponte é o fim, e a estátua, o começo?"

"A ponte Golden Gate devia ser entendida simbolicamente", Foucault respondeu, "no sentido de que ela pode ser uma abertura para fora dos Estados Unidos."

"Você acha os americanos abertos e extrovertidos demais? Os europeus ainda fazem piadas sobre a gente por conta disso?", David perguntou.

"Sim, eu já ouvi europeus gozando da simpatia dos americanos, do jeito americano de 'ser legal', mas eles estão errados. Nós passamos muito tempo com estranhos, então por que não aproveitar? Provavelmente nós passamos três quartos do nosso tempo em encontros breves com os outros, encontros casuais. Então essa maneira de se relacionar com as pessoas é muito importante. Por que cuspir hostilidades no mercado? Seja gentil com o caixa e com os funcionários! Esses antagonismos apenas dissipam uma energia que poderia e deveria ser usada contra os sistemas de poder que nos oprimem."

"Norman Mailer fez uma palestra em Claremont dia desses", contou David, "e Simeon o acusou de glorificar a agressão, particularmente a dos homens contra as mulheres. Você acha que a agressividade é algo natural?"

"Não estou disposto a desafiar os naturalistas nesse ponto", admitiu Foucault. "Mas isso não significa que não possamos controlar a agressividade, direcioná-la para as coisas certas — não uns contra os outros, mas contra o sistema que nos domina. Deveríamos acabar com as agressões quando elas interferem no contato íntimo que deveria existir entre as pessoas."

PARTIDA

No caminho para o aeroporto, Foucault disse: "Los Angeles tem tanta riqueza, tanta abundância. A arquitetura é extraordinária. E há muito espaço. Paris é muito mais limitada. Em duas horas você pode atravessar Paris andando. Existe por aqui algum bairro de artistas, de artistas jovens?"

"Sim, em Venice e em Santa Monica tem um monte de artistas jovens", replicou Michael.

"Você gosta de cozinhar?", David perguntou.

"Gosto, sim. Por que você não passa um tempo comigo em Paris? Adoraria cozinhar para você", Foucault disse.

"Talvez", David respondeu.

"Michel", eu implorei, "Michael e eu só estamos juntos há seis meses, mas ainda estou aflito com uma coisa. Talvez sua experiência possa ajudar."

"O que te incomoda?"

"Bem, é meio banal, mas me sinto tão só e rejeitado quando Michael sai com outras pessoas. Acho que sou muito possessivo."

"Então encontre alguém para sair com você também", ele respondeu.

"Você está sugerindo uma espécie de contrato aberto entre nós?"

"Não um contrato. A noção de contrato é um resíduo de Roma", Michel disse. "Por que imitar o casamento?"

"Mas não posso esperar reciprocidade nessa relação?", perguntei.

"Não, não no sentido de 'você me dá isso e eu te dou o equivalente.'"

"Então que tipo de reciprocidade?"

"Assimétrica. Não espere receber o que você dá."

"Às vezes, casais à moda antiga me parecem tão confortáveis", confessei.

"Por quê? Você tem a chave para a felicidade."

"Como assim?"

"Você é livre. Você pode se abrir a uma variedade de relações intensas que enriquecem um ao outro."

"E como isso se relaciona com a obrigação que temos um com o outro?"

"Deixando a obrigação, os relacionamentos deveriam se desenvolver em direções muito diferentes."

"É assim que você vive?"

"Eu tento!", afirmou Foucault. "Quando morávamos juntos, o maior problema com meu namorado era o telefone. Com o tempo, passamos a morar em apartamentos vizinhos, conectados por uma porta. Pelo menos podíamos ter nossos próprios telefones em nossos próprios espaços."

"Você acha que a história da relação entre senhor e escravo tem algo a nos dizer sobre os relacionamentos de hoje?", perguntei.

"Claro, e muito", ele disse. "Olhe, por exemplo, o que diz Marivaux sobre esse assunto."

"Marivaux? Jamais lembraria dele para pensar sobre isso", confessei.

"*L'Île des esclaves* [A ilha dos escravos]!", Mike comentou atrevidamente.

"Sim, esse mesmo!", Foucault respondeu. "Marivaux nos mostra de um jeito brilhante como o escravo sente prazer quando tem um bom senhor. E os senhores querem se tornar escravos, eles tentam se tornar escravos."

Enquanto Foucault arrumava suas coisas para embarcar, eu perguntei, através do espelho, do que ele mais tinha gostado em nossa viagem.

"A manhã nas montanhas", ele respondeu. "Eu adorei a caminhada com aqueles rapazes em Bear Canyon."

"Nós vamos te mandar um cheque de quinhentos dólares por seu trabalho em Claremont", assegurei a Foucault.

"Mas vocês já me deram tanto", ele disse, suavemente.

"Já está reservado no orçamento do Programa de Estudos Europeus."

"Então, se eu não aceitar, será dinheiro jogado fora."

"Exatamente."

"Vocês vivem em um paraíso aqui", disse Foucault.

"Pensando nas políticas repulsivas dessa universidade arrogante, talvez se torne um paraíso perdido para nós", repliquei. "De qualquer forma, quero me apegar à convicção de que o papel dos professores precisa mudar. Por causa dos acontecimentos, do seu trabalho, do meu desenvolvimento pessoal, eu me envolvi muito com os estudantes, em alguns casos até intimamente. Eu não escondo minha vida pessoal nem minhas convicções dos meus alunos e tento conectar o máximo possível a minha vida com o meu trabalho de ensinar."

"Sim", Foucault respondeu, "é o único caminho."

"Eu chamaria de 'o caminho grego'", eu disse.

"Sim", ele concordou, "é grego."

"Quando você volta a Paris?", questionou David.

"Em algumas semanas."

"Diretamente?"

"Não, vou passar alguns dias em Nova York."

"Você gosta de Nova York?", David continuou.

"Sim, é a cidade das cidades."

"Por que você gosta tanto?"

"É possível se tornar um anônimo em Nova York. Você pega sua comida em máquinas, só coloca o dinheiro e pronto, não precisa de nenhum contato humano."

"Você fica hospedado em hotéis?", Mike perguntou.

"Sim, tento ficar em hotéis que permitam o maior anonimato possível. Gosto de hotéis que dão a sensação de que você poderia estar em qualquer lugar do mundo."

"Quando você pode voltar para nos visitar?", David perguntou, suplicante.

"Em vez de passar em Nova York no meu caminho de volta a Paris, eu poderia vir para cá por uns dois dias. Eu gostaria de passar um tempo com você nas montanhas."

"Ótima ideia", David exclamou, entusiasmado.

Mike e eu concordamos.

Chegamos à sala de espera, onde aguardamos até que o voo fosse anunciado.

"Quando você voltar", eu disse a Foucault, "poderia aparecer em uma série de TV que estou fazendo para a CBS? Ela se chama *Claremont Colloquium,* e eu gostaria de começar meu quadro no programa entrevistando você."

Ele consentiu, embora um pouco relutante.

"Eu faço o que for preciso para te ajudar", ele disse.

"Você aparece muito na televisão francesa?", Mike perguntou.

"As autoridades não deixam. Bem, eles me deixam aparecer falando sobre algum tema inofensivo, como em um diálogo sobre um livro ou algum assunto esotérico relacionado ao currículo escolar. Já fiz as duas coisas. Mas, para falar sobre prisões ou política ou sobre qualquer coisa realmente significativa, sem chance. O poder na França mantém o acesso à mídia muito bem cuidado", Foucault concluiu.

"O que você acha da TV americana?", Mike perguntou.

"Um sermão moral! Na TV americana, especialmente, as pessoas desempenham papéis para satisfazer os espectadores. Mas é interessante, porque isso te dá uma janela para os problemas dos espectadores. Recentemente, vi um episódio de uma novela em que uma mulher fazia uma cirurgia plástica para agradar ao marido. Todos os amigos comentaram como ela tinha ficado bonita. Mas o marido não percebeu nenhuma diferença, e ela o abandonou."

"Não era assim quando eu era criança", Mike disse. "Eu cresci assistindo *Our Miss Brooks*, *A quinta dimensão*, *Perdidos no espaço*, *Gumby* e muitos outros programas. Isso sem falar dos filmes nas madrugadas."

"Você sente que está interpretando um papel quando está na TV?", questionou David.

"Sim. Que estou sendo dirigido para interpretar um papel. Senti isso quando estava sendo entrevistado com Noam Chomsky. Ele é um homem muito gentil, mas fomos colocados lá para assumir papéis, que aliás estavam incorretos."

"Então você não subestima o poder da mídia?", David perguntou.

"Pelo contrário", disse Foucault. "Nós vivemos em dois mundos: o mundo interior, o mundo pessoal, que é feito da nossa experiência imediata e sensível, e o mundo exterior, com o qual não somos capazes de nos comunicar diretamente. Ele é comunicado para nós pela mídia — os jornais, a televisão etc. Mas é comunicado de uma forma muito distorcida."

"Por exemplo", Foucault continuou, "pouco tempo atrás, vi uma edição da revista *Time* de 1945. Eu vivi os eventos que a *Time* supostamente representava ali. Mas os eventos estavam completamente distorcidos pelos editores da revista. Se você viver a história que a notícia supostamente aborda, e depois ler a reportagem, então tem uma ideia da distorção. Temos que ser capazes de comunicar as nossas próprias histórias, registrar e comunicar as histórias da nossa infância, da nossa vida. Só assim podemos superar a distorção do mundo exterior imposta pela mídia."

"Mas como evitar isso, se dependemos tanto da televisão para nos informar?", Mike perguntou.

"Precisamos aproveitar as novas tecnologias. Com os videocassetes e as câmeras de vídeo, você pode fazer seus próprios programas, contar suas próprias histórias e trocá-las com seus amigos."

Foucault tinha separado um romance de Zola para a viagem. Eu dei a ele *Os exércitos da noite*, de Norman Mailer, e um conto de Borges que recortei de uma edição da *New Yorker*. O título era "Utopia de um homem que está cansado".

"Michel", eu disse, "estou ansioso para o nosso programa de televisão juntos."

"Ah, é?", ele disse, num tom de incredulidade. "Por quê?"

"Eu quero que todos te conheçam como pessoa."

"Mas eu não sou uma pessoa", Foucault respondeu, afiado.

"Tá bem, então como um ser humano."

"Isso é pior", Foucault riu.

Então eu vi com meus próprios olhos sobre o que ele estava falando. Quando Foucault nos abraçou e beijou em despedida, ele se transformou sucessivamente nos devires de Deleuze: criança, mulher, sagui, leopardo, cristal, orquídea, nenúfar, gago, nômade, estrangeiro, música intensa e, finalmente, seu maior sonho, imperceptível.

"Nós vivemos muitos prazeres juntos", ele disse, se afastando.

Seus olhos brilhavam com o esplendor de Vênus sobre o Zabriskie Point. Foucault se molecularizou nos braços de seus homens e então foi embora.

Cartas & textos complementares

Prefácio à edição original

HEATHER DUNDAS

Em *The lives of Michel Foucault* [As vidas de Michel Foucault], David Macey cita o filósofo falando "nostalgicamente [...] sobre uma 'experiência inesquecível com LSD, em doses cuidadosamente preparadas, na noite do deserto, com música deliciosa, pessoas legais e um pouco de licor'".[18] Essa "noite inesquecível" aconteceu em 1975, quando Foucault, então um professor visitante na Universidade da Califórnia, em Berkeley, foi levado ao Vale da Morte por um professor assistente da Claremont Graduate School e seu namorado, um pianista. Uma vez lá, os dois jovens persuadiram Foucault a experimentar a noite do deserto sob a influência de uma droga psicodélica. Foi a primeira experiência de Foucault com ácido, e pela manhã ele estava chorando e proclamando ter descoberto a Verdade.

18 MACEY, David. *The Lives of Michel Foucault*. Londres: Verso, 2019, p. 340.

Ouvi essa história pela primeira vez em 2014, quando era estudante de pós-graduação na Universidade do Sul da Califórnia. Francamente, achei difícil de acreditar que um filósofo da estatura de Foucault teria tempo para viajar com dois estranhos, e ainda mais difícil de acreditar que ele teria, aos 49 anos, concordado em experimentar drogas psicodélicas com esses desconhecidos. O episódio todo era absurdo e acionava algo profundamente sarcástico em mim. Eu odiava "teoria". Odiava Foucault, que parecia encarnar todo o privilégio e a arrogância dos teóricos. Quando soube que o anfitrião de Foucault no Vale da Morte, Simeon Wade, tinha um manuscrito inédito descrevendo essa experiência no deserto, decidi encontrá-lo. Queria usar o manuscrito de Wade para escrever uma sátira sobre acadêmicos idiotas no deserto.

Atormentei alguém que conhecia alguém que sabia seu endereço. "Ele é um recluso", disse o amigo do meu amigo. "Não usa computador nem telefone e vive basicamente desligado de tudo."

Escrevi uma carta para Wade me apresentando e sugerindo um encontro. Ele me retornou com um cartão-postal com uma data, um horário e o endereço de um Starbucks perto de sua casa em Oxnard, Califórnia, a cerca de cem quilômetros de Pasadena, onde eu moro.

"Como vou saber que é ele?", perguntei para minha fonte.

"Você saberá", ele respondeu.

E eu soube. Meia hora depois da hora marcada, já estava me preparando para ir embora quando uma caminhonete de 25 anos de idade sacudiu o estacionamento do pequeno shopping. O motorista ficou no carro por um instante enquanto terminava um cigarro e depois saiu com meia dúzia de sacolas plásticas e uma pilha de livros. Alto e corpulento, o homem usava uma camiseta azul cerúleo enfiada pela metade em uma calça jeans de fazendeiro. Ao entrar no Starbucks, ele caminhou diretamente até mim e despejou suas sacolas e livros na mesa onde eu estava. Tirou o boné de beisebol verde-esmeralda, revelando uma cabeça careca marcada pela idade.

"É um prazer conhecê-la", ele disse, com vestígios do Texas em seu sotaque. Suas palavras eram macias e sussurradas como em gaélico, e me dei conta com certo espanto de que ele não tinha dentes. "Eu trouxe alguns materiais de referência e uma coca gelada para você tomar no caminho de volta."

Ele se sentou e começou a contar aventuras que achei difícil de acreditar. Ah, sim, ele tinha levado Foucault ao Vale da Morte. Foucault, disse Wade, tinha amado tanto aquela viagem que dizia ter sido uma das experiências mais importantes de sua vida. Mas esse seria apenas o começo da amizade entre os dois; Foucault o visitaria diversas vezes. Wade entrevistou Foucault em um programa de televisão da Claremont Graduate School. Foucault lhe escreveu dizendo que havia queimado os manuscritos de um volume inteiro de *História da sexualidade* como resultado direto dessa experiência no Vale da Morte. Foucault estava trabalhando em um manuscrito sobre monstros durante uma das visitas, "porque ele sempre achou que fosse um monstro".

Wade contou que os dois continuaram amigos pelo resto da vida de Foucault — e que havia uma foto na revista *Time* que provava isso. Foucault escreveu pedindo ao seu querido amigo Simeon que levasse LSD para ele em Paris em 1984, quando estava morrendo. "Michel queria ir embora viajando, como Aldous Huxley", revelou Wade.

Em resposta à minha pergunta ansiosa, ele disse que, sim, havia escrito um texto sobre isso, mas ninguém havia se interessado em publicar.

Eu poderia ver?

Wade me olhou desconfiado. Seus manuscritos estavam em algum lugar no seu depósito, ele disse, junto com as fotografias e as cartas de Foucault. Era difícil encontrar. Algum dia, ele disse, mostraria para mim. Se eu voltasse. Se ele encontrasse. Talvez.

Então ele topava me encontrar de novo? Ele topava, e nós combinamos uma data para o mês seguinte.

Entre esses encontros, tentei confirmar os detalhes sobre o homem e sua história. Descobri que Wade nasceu em 1940, na cidade de Enterprise, Alabama. Ele se graduou em história no College of William and Mary, em 1962, e então estudou em Harvard com uma bolsa, obtendo seu doutorado em história intelectual da civilização ocidental em 1968. Wade assumiu uma vaga de professor assistente da Claremont Graduate School em 1972, onde foi cofundador do Programa de Estudos Europeus. Fotos de

Wade nessa época revelam um homem assombrosamente bonito: alto, atlético, sempre vestido de terno e gravata.

O Programa de Estudos Europeus teve vida curta, assim como, aparentemente, a carreira de Wade em Claremont. A partir desse momento, os registros sobre Wade se tornam nebulosos. Visitei a Claremont Graduate School para procurar pelas fitas do programa de televisão ou outra evidência da visita de Foucault, ou até mesmo registros da carreira de Simeon Wade como professor. Não havia rastros da visita de Foucault nos arquivos da universidade, e só pude documentar a passagem de Wade pela Claremont procurando em exemplares antigos de um jornal estudantil.

Voltei a Oxnard no mês seguinte e esperei novamente por Wade no Starbucks.

Nesse dia, Wade chegou de mãos vazias, apenas vinte minutos atrasado, e queria conversar comigo sobre o valor das experiências com alteradores de consciência.

"Todas as culturas derivam dos cogumelos alucinógenos", ele disse. "Pense nisso. Os antigos gregos, os astecas, os vikings — todos tiveram rituais centrados nos estados alterados de consciência pelos cogumelos. E o que é um ritual se não uma forma de religião? E o que é uma religião se não uma forma de cultura?"

Ah, cara, eu pensei. Essa sátira se escreve sozinha. Pedi que nos encontrássemos de novo no mês seguinte.

O principal assunto das conversas de Wade era Foucault, a quem ele considerava "o maior pensador de nossa época, talvez de todos os tempos. Compará-lo a qualquer outro é como apontar uma vela para o sol". Wade tinha um conhecimento enciclopédico sobre o trabalho de Foucault e falava de sua amizade com o filósofo como "o segundo grande golpe de sorte na minha vida".

O primeiro grande golpe de sorte na vida de Wade, ele contou, era a terceira pessoa na viagem ao Vale da Morte: o pianista Michael Stoneman. Os dois se conheceram em 1974 e foram um casal até a morte de Stoneman, em 1998. Seu relacionamento sem disfarces aparentemente provocou ressentimentos na conservadora Claremont dos anos 1970; o irmão de Wade, que conheci muito depois, rememorou: "Simeon não saiu do armário; ele arrombou a porta!" David me contou do amor pela música que Simeon e Michael compartilhavam e disse que, em uma de suas casas, eles tinham um par de pianos de cauda lado a lado, para poderem tocar duetos de Arensky.

À medida que nos encontrávamos, Wade me mostrava mais do que sua persona de amigo de Foucault. Contou que conheceu Timothy Leary em Harvard e que "ele só pensava em orgasmos". Falou um pouco das difíceis consequências enfrentadas por um acadêmico não conformista nos anos 1970: de acordo com Wade, ele não durou muito na Claremont Graduate School porque "eles disseram que eu era um traficante de drogas; disseram que eu fazia orgias; disseram que eu era um louco".

Ele recordou os tempos sombrios que ele e Michael enfrentaram depois de sua saída de Claremont. Os dois dirigiram uma galeria de arte por um período, e então Wade começou a dar algumas aulas ao redor de Los Angeles. Sem nunca mais ter a mesma estabilidade, Wade lecionou na California State University, em Northridge, na preparatória de Belmont e na Belmont College, na Samra University of Oriental Medicine, no Tao Healing Arts Center e na controversa Pacific Western University. Sua filiação mais longa foi com o Otis Art Institute da Parsons School of Design, onde ele ensinou história e história da arte por dezesseis anos. Por fim, ele encontrou trabalho como enfermeiro psiquiátrico no County USC Medical Center porque "queria trabalhar com loucos de verdade". Segundo David Wade, nesse período Simeon e Michael estavam desesperados financeiramente. Talvez por isso, ou talvez somado a isso, ambos enfrentaram crises de saúde física e mental. Em 1998, Stoneman morreu devido aos efeitos do alcoolismo, aos 47 anos.

Apesar dos detalhes dados por Wade ao contar suas histórias, encontrei poucas evidências para sustentá-las. Referências acadêmicas à amizade entre Wade e Foucault eram mínimas e genéricas, com exceção dos detalhes no livro *The passion of Michel Foucault* [A paixão de Michel Foucault], de James Miller, de 1993. Em seu livro *The lives of Michel Foucault*, que foi publicado no mesmo ano, David Macey desconfia da hipótese de uma epifania induzida por drogas: "Relatos afirmando que Foucault teria dito que isso mudou sua vida precisam ser tratados com algum ceticismo; os insights provocados pelo LSD tendem a ter vida curta e a serem mais ilusórios do que reais".[19] A amizade entre Foucault e Wade me parecia mais baseada em desejos do que em fatos. Pensei que talvez Wade fosse apenas um velho solitário contador de lendas sobre seu único encontro com uma celebridade.

No entanto, algumas evidências começaram a aparecer. Descobri que há, de fato, uma foto na revista *Time* de 16 de novembro de 1981 retratando Wade e Stoneman rindo com Foucault após uma conferência. E, após termos nos encontrado por mais ou menos um ano, Wade apareceu um dia com seu manuscrito, *Foucault na Califórnia*. Estava com os direitos registrados desde 1990, e Wade disse que Foucault havia lido e aprovado a publicação, mas que nenhuma editora ousou tocá-lo — era muito escandaloso, ou talvez muito contaminado pela conexão com o próprio Wade. "Essa é a única cópia que sobrou", ele disse. "Não posso te dar." Então dirigimos até uma copiadora onde ele me deixou xerocar as páginas, uma por uma.

O manuscrito de Wade era tão estranho quanto eu esperava. *Foucault na Califórnia* é narrado com o mesmo tom acelerado das histórias que Simeon me contava no café. O texto descreve como a ideia inicial de um "experimento"

19 MACEY, *The Lives of Michel Foucault*, p. 340.

com a mente de Foucault logo evoluiu para um bacanal premeditado, com Wade e Stoneman no centro da ação. Na descrição entusiasmada que Wade faz de seu plano dionisíaco, referências sacras e populares se misturam: Joanne Woodward, com sua personalidade dissociativa no filme *As três faces de Eva*, de 1957, se mistura com a Eva bíblica, e as bruxas sabáticas de Mussorgsky de 1867 se fundem com Stokowski interpretando *Fantasia*, da Disney, em 1941. Essa fantasia de altos e baixos proporciona uma visão do pensamento bivalente de Wade. Sua escrita é exagerada; sua devoção a Foucault é inabalável.

No entanto, ao ler o manuscrito, abandonei minha ideia de expor os teóricos. Percebi que esse território já tinha sido muito bem coberto, satiricamente ou não, por pessoas muito mais capacitadas para a tarefa do que eu. Acadêmicos deram sequência às ideias de Foucault depois de sua morte, com uma profusão de livros e artigos, debates e polêmicas depois de cada nova tradução ou publicação de um trabalho vindo do imenso espólio do filósofo. Meus pensamentos sobre ele não tinham importância.

Além disso, comecei a levar a sério o que Wade me contava. O manuscrito gonzo de Wade tem seus momentos engraçados e definitivamente tenta colocar as drogas no centro da narrativa ou usá-las de forma publicitária — "Foucault tomando ácido no deserto" —, mas isso minimiza o que Wade, certamente, e Foucault, possivelmente, estavam tentando fazer: expandir a consciência, ter uma experiência-limite. Até recentemente, a ideia setentista da existência, como Wade coloca, de "um elixir mágico" para expandir a consciência, era tão fora de moda quanto ridícula. No entanto, pesquisas atuais colocaram em questão esse desprezo pela experiência psicodélica. A afirmação de que os efeitos do LSD têm "vida curta" e são "ilusórios" vem sendo desafiada, e vem crescendo a exploração dos usos terapêuticos dessa substância tão combatida. Talvez a consciência alterada não seja (apenas) uma piada.

Finalmente, e para minha surpresa, perdi meu desejo de fazer um retrato ridículo de Wade. Ao contrário, nós viramos amigos e até celebramos aniversários e feriados juntos.

Ainda assim, eu não estava totalmente convencida de que seu manuscrito fosse mais do que o produto de uma imaginação fértil. Então, no começo de 2016, Wade — que, para mim, nessa época, já era "Simeon" — encontrou um carrossel de slides retratando a viagem ao Vale da Morte. Lá estava Foucault com seu braço ao redor de um Michael Stoneman sem camisa, sorrindo na Dante's View. Em outra foto, Foucault olhava para a imensidão do Zabriskie Point. "Ele estava fritando o cérebro nessa hora", disse Simeon. As imagens eram maravilhosas, mas, mais importante, eram as provas, finalmente, de que essa viagem realmente acontecera. Além disso, havia muitas imagens de Foucault na casa de Simeon e Michael em Claremont, confirmando as afirmações de Simeon de que

Foucault tinha voltado a visitá-los pelo menos uma vez mais. Esses cliques ilustravam o que Simeon dizia: ele e Foucault eram amigos.

Nesse ponto, tentei convencer Simeon a me conceder uma entrevista para uma publicação. Ele demorou mais de um ano para concordar. Quando essa entrevista e algumas outras poucas imagens foram publicadas no jornal on-line *Boom California*, em setembro de 2017, dirigi até Oxnard para mostrá-la a Simeon em meu notebook, já que ele ainda não tinha computador.

Nos encontramos em uma sexta-feira, como sempre. Ele chegou atrasado, é claro.

Na terça seguinte, 3 de outubro de 2017, Simeon morreu inesperadamente enquanto dormia. Ele tinha 77 anos.

Enquanto mexiam nos pertences de Simeon, David Wade e sua esposa, Nancy Pobanz, encontraram as cartas de Foucault de que Simeon falava, mas não tinha conseguido localizar. Essas cartas revelam que Foucault realmente afirmou que a noite no Vale da Morte foi "uma grande experiência, uma das mais importantes da minha vida" (14 de maio de 1975) e que havia lido o manuscrito de Simeon e respondido positivamente, para não dizer gnomicamente:

Comment aurait-il été possible de ne pas aimer toi[20]
Simeon
Death Valley Trip
Epistème la gris
(16 de setembro de 1978)

Outras cartas indicam que Foucault estava considerando grandes mudanças em sua vida — "Eu sinto que preciso imigrar e me tornar um californiano" (30 de maio de 1975) — e provam que Foucault e Simeon estiveram em contato até 1984, ano da morte de Foucault. (Infelizmente, David Wade e Nancy Pobanz não encontraram o manuscrito de Foucault sobre monstros nem a carta com o pedido para Simeon e Michael irem a Paris ajudar Foucault a morrer.)

No momento em que escrevo (meados de 2018), os papéis de Simeon estão amontoados em minha casa, esperando sua admissão no ONE National Gay & Lesbian Archives da Universidade do Sul da Califórnia. E a publicação póstuma do quarto e último volume de *História da sexualidade: as confissões da carne* (2018) — escrito depois que Foucault conheceu Simeon e possivelmente influenciado por sua amizade — torna a publicação de *Foucault na Califórnia* especialmente oportuna. David Wade e Nancy Pobanz encontraram uma carta escrita poucos meses depois da viagem ao Vale da Morte na qual Foucault diz

20 "Como seria possível não te amar?", diz a mensagem de Foucault. Quanto a "*epistème la gris*", deixo a interpretação para os estudiosos.

que ele teve de "recomeçar" seu "livro sobre a repressão sexual" (5 de outubro de 1975).

Ainda que ele estivesse muito velho e eu fosse muito relutante quanto a viajar para o Vale da Morte, Simeon também organizou uma "experiência" para mim. Ele me acomodou em uma cadeira em seu apartamento atolado de livros e me deu uma barra de chocolate ao leite. Eu não fiquei feliz: não sou fã de chocolate nem de leite, estava ficando tarde e eu estava preocupada em voltar para casa no escuro. Simeon desapareceu atrás de uma parede de livros e começou a tocar Chopin. Na luz fraca do fim do dia, meu mundo se reduziu à visão dos livros e ao som do piano. Foi... não relaxante, mas talvez estupefaciente. Em um momento particularmente adorável, Simeon ordenou: "Coma o chocolate agora!"

Essa experiência foi apenas uma sombra do evento imersivo que Wade criou para Foucault no Vale da Morte. Mas, agora, para mim, chocolate ao leite vai sempre ressoar a Chopin e à memória de um amigo, e minha vida é mais rica por isso. Além disso, passei a entender como "uma experiência com LSD, em doses cuidadosamente preparadas, na noite do deserto, com música deliciosa, pessoas legais e um pouco de licor" poderia ser um dos acontecimentos mais importantes da vida de uma pessoa.

A noite de Foucault no deserto foi uma imersão em uma experiência cuidadosamente coreografada por Wade para obter um efeito máximo. Na festa/performance de Wade, temas ocidentais — xamãs, viagens visionárias, amizade masculina — foram entrelaçados e invertidos. Talvez essa noite absurda com um "louco" distribuindo LSD e seu parceiro tocando Stockhausen encarnou o emergente conceito foucaultiano de amizade, algo que ele elaborou em algumas de suas últimas entrevistas como um tipo de estética da existência, envolvendo uma "arte da vida". Foucault sugeriu essa conexão quando escreveu para Simeon em 14 de maio de 1975, propondo outra visita, mas apenas se fosse conveniente: "Acho que esses encontros não fazem sentido se não derem a todos nós um prazer intenso e recíproco e ao mesmo tempo serenidade. Temos de encontrar um jeito de fazer do *principe de plaisir* [princípio do prazer] um *principe de realité* [princípio da realidade]. Isso, penso eu, é um problema ético e político a ser resolvido nos tempos atuais."

O texto de Wade, *Foucault na Califórnia*, permite que você viaje junto nessa jornada ao Vale da Morte. Que sua vida seja mais rica por isso.

HEATHER DUNDAS é doutora em literatura e escrita criativa na Universidade do Sul da Califórnia, Estados Unidos.

UNIVERSITY OF CALIFORNIA
DEPARTMENT OF FRENCH
BERKELEY, CALIFORNIA 94720
(0378)

Profesor
146 E
Clearw

13c
USAirmail
13c
USAirmail
PAR AVION
VIA AIR MAIL
CORREO AEREO

le 14 Ma

Dear Simeon,

Really, I dont know how to thank you for all you have been doing for me last week end. It was a great experience, one of the most important in my li[fe]. And I dont mean only the Zabriskie night, but our meeting and the two days we spent toge[ther]. It is so rare to meet a friend li[ke] you with whom it is possible [to]

Querido Simeon,

De verdade, não sei como te agradecer por tudo o que vocês fizeram por mim no último fim de semana. Foi uma grande experiência, uma das mais importantes da minha vida. E não me refiro apenas à noite no Zabriskie Point, mas ao nosso encontro e aos dois dias que passamos juntos. É tão raro encontrar um amigo como você, com quem é possível estabelecer relações afetivas e especulativas. Também fiquei impressionado com todas as qualidades do Michael — como amigo e também como músico.

Você acha que eu poderia fazer uma breve parada em Claremont no próximo fim de semana, quando estiver indo a Paris (do sábado, dia 25, até terça-feira, 27), e passar um tempo na floresta? Mas o principal para mim é não te atrapalhar e nem causar problemas ao Dave.

Acho que esses encontros não fazem sentido se não derem a todos um prazer intenso e recíproco e ao mesmo tempo serenidade. Temos de encontrar um jeito de fazer do principe de plaisir [princípio do prazer] um principe de realité [princípio da realidade]. Isso, penso eu, é um problema ético e político a ser resolvido nos tempos atuais.

Por isso, falo muito sério quando te peço para dizer o que é mais conveniente para você, Michael, Dave e os outros.

Je vous envoi, ainsi qu'à Michael, mes amitiés les plus affectueuses [Eu te envio, assim como a Michael, meus votos de amizade mais afetuosos].

Michel

Foucault e a cultura das drogas

JÚLIO DELMANTO

Meu primeiro trabalho como jornalista formado foi na saudosa (pelo conteúdo e pelos profissionais, não pelos donos) revista *Caros Amigos*. Em uma das minhas reportagens iniciais, estava entrevistando pelo telefone um economista famoso para pegar uma ou duas aspas sobre sei lá o quê, e ele comentou algo sobre um livro de Celso Furtado. "Você conhece?", me perguntou. Eu já tinha ouvido falar, então ingenuamente disse que sim. "Já leu?", ele insistiu. "Não", murmurei, já sentindo o rosto ficar vermelho, antes de tomar um "Então você não conhece" na cabeça.

Minha relação com Michel Foucault é meio assim. Lógico que sei quem ele é e o que seu pensamento representa, sua importância como filósofo, historiador e também como, digamos, um polemista no campo das ciências humanas e das esquerdas. Na verdade, já li vários livros dele em alguns momentos da vida, tendo começado e me encantado de cara com os artigos reunidos em *Microfísica do poder*, depois seguido com *Vigiar e punir*, *História da sexualidade*, *Em defesa da sociedade* e mais alguns outros. Então posso dizer que sei quem é Michel Foucault, mas, se algum foucaultiano (e eles estão por toda parte!) me perguntar hoje se conheço a obra do principal personagem deste livro, não vou cometer o mesmo erro de quando tinha vinte e poucos anos e certamente direi que não.

Não sou especialista em filosofia ou sociologia. Além de tradutor e jornalista, também sou ativista pelo fim da guerra às drogas e pesquisador em história, campo no qual estudo a história do consumo e das políticas de drogas, principalmente no Brasil. Daquilo que conheço de Foucault, e de seus parceiros Deleuze e Guattari, sei que existe muita afinidade com o que nós, pesquisadores e ativistas do chamado antiproibicionismo das drogas, defendemos e pensamos.

A afinidade começa na forma como são pensados e desenvolvidos os estudos, que utilizam fontes alternativas e buscam ao máximo evitar que se "fale em nome dos outros", dando voz "aos de baixo" e a versões alternativas às dos vitoriosos, até os objetos desses textos, como corpo, sexualidade, loucura, prisão, populações desviantes etc. Há uma ênfase nos marginais, como nós todos (e todas e todes) que queremos viver de acordo com nossa própria disciplina, o que leva, quase inevitavelmente, a choques com a moral e com os poderes dominantes, dentro e fora do Estado.

Além disso, no campo do antiproibicionismo, e também no que entendemos sem muito rigor como "esquerda" ou "esquerdas", eu me enquadro em visões e práticas políticas próximas do que se conhece como anarquismo ou autonomismo. Sem debater a bobagem de se apegar a esses rótulos, algo que o próprio Foucault salienta neste livro, ressalto apenas que são campos direta e inquestionavelmente marcados não só pelo Maio de 1968 francês, mas pela "revolução molecular" que se operou em parte dos intelectuais e militantes de esquerda a partir de então, primeiro na Europa e depois em outras partes do mundo, com influência direta da obra de Foucault, Deleuze e Guattari.

Foi um momento em que começaram a se consolidar entre as esquerdas ocidentais discussões e práticas críticas aos comunistas e marxistas tradicionais. Movimentos como o então movimento gay (hoje LGBTQIA+), feminista, negro, ambientalista, pacifista, anticolonial e contracultural se expandiam e questionavam a ênfase exclusiva na luta econômica ou na tomada do Estado como saída para a transformação das injustiças e do cotidiano. Foi também quando começou a nascer o antiproibicionismo, que deu seus primeiros passos no Brasil no começo dos anos 1980.

Nesse momento e movimento, e também muito graças a Foucault, a discussão sobre o poder foi colocada em outros termos. O poder não se detém, mas se exerce, ensinou Foucault. Isso levou à valorização e ao estudo não mais apenas das relações entre o Estado e a população, ou entre burgueses opressores e proletários oprimidos (por mais que essas relações não possam ser ignoradas), mas também das maneiras como as desigualdades de poder se expressam em outras relações sociais. Também passamos a prestar mais atenção em como o exercício do poder está atrelado à moral, à religiosidade, à educação, ao gênero e a outras formas de hierarquia e controle social para além da Justiça e da punição.

Nesse ponto, Foucault talvez coincidisse com um intelectual que conheço melhor: Bob Marley. Em uma entrevista, o jamaicano sintetizou a questão quando, após ser perguntado sobre a legalização da maconha, disse que "todas as leis são ilegais". Inspirado na revolução zapatista de Chiapas, o irlandês John Holloway também disse algo nessa linha: "Mudar o mundo sem tomar o poder". Vindas do Estado ou não, são ilegais e imorais as leis e a moral que buscam nos impedir de ser quem queremos ser. Por mais que a terminologia mude, há um linguajar cultural e político comum a esses três pensadores tão distintos.

Novo linguajar e novas formas de luta, diferentes do marxismo hegemônico entre as esquerdas até os anos 1960. Novas perspectivas que influenciaram diferentes formas de ativismo e ação coletiva, como as tendências autonomistas na Itália e no Maio de 1968 francês, a "nova esquerda" de Abbie Hoffman e Jerry Rubin nos Estados Unidos e os jovens da contracultura, que buscavam, através da politização do cotidiano, a "recusa" dos valores dominantes e a construção de novas formas de vida no dia a dia.

Não por coincidência, as pessoas identificadas com a contracultura — e há diversos debates sobre sua caracterização temporal e sobre ser ou não um movimento social, suas relações com a indústria cultural etc. — davam grande atenção e importância à experiência psicodélica e à criação de novas formas de gerir social e comunitariamente o consumo de drogas.

Em um contexto tanto de Guerra Fria quanto de emergência da juventude como categoria social, além da decepção de parte dos jovens com as políticas e práticas da esquerda marxista, no limite representada pela União Soviética e pelo stalinismo, jovens, principalmente brancos e de classe média ou alta, fugiam de casa e de seu futuro para viver em comunidades, onde defendiam e tentavam exercer relações livres das amarras de classe e também das normas sexuais e sensoriais hegemônicas.

O uso de drogas foi influenciado por esse contexto, e também o influenciou. Como analisei em minha pesquisa de doutorado sobre a história social do LSD no Brasil, publicada pela querida Editora Elefante, diversos autores associam o início da contracultura à popularização do consumo não medicinal de LSD. O termo "pedra filosofal" para designar o ácido lisérgico, que é utilizado diversas vezes por Simeon Wade e seu companheiro Mike ao dialogarem com Foucault, também era utilizado no Brasil por integrantes da contracultura, como o poeta Antonio Risério.

"*Turn on, tune in, drop out*", dizia o famoso lema de Timothy Leary, o psiconauta mais marqueteiro que já existiu.

Para se sintonizar e cair fora, abandonar o sistema — objetivo final da contracultura —, era preciso "se ligar". O consumo de substâncias psicodélicas — como a dietilamida do ácido lisérgico, a psilocibina dos cogumelos mágicos e a mescalina de cactos como o peiote — era visto como ativador de uma nova forma de pensamento e vida, como uma ignição para a revolução (molecular) do dia a dia. O que estou querendo dizer é que o uso de drogas, principalmente psicodélicas, e o pensamento político que Foucault ajudou a sintetizar e difundir têm tudo a ver. Assim como o LSD foi causa e consequência da contracultura, o pensador francês também é um pouco criatura e criador dos deslocamentos e aventuras que trouxeram parte do ativismo anticapitalista (ou como quer que se nomeie), incluindo o antiproibicionismo, até aqui.

Não à toa, boa parte dos trabalhos brasileiros e estrangeiros sobre a proibição das drogas tem a obra de Michel Foucault como uma das bases teóricas centrais. No entanto, e aqui é onde eu realmente quero chegar, salvo engano há poucas menções de Foucault ao consumo e às políticas de drogas em seus livros e mesmo em entrevistas. Em trabalhos como *Vigiar e punir*, no qual ele escreve sobre a "gestão diferencial das ilegalidades", e *A hermenêutica do sujeito*, em que analisa as tecnologias de si, a relação com a temática das drogas é praticamente óbvia. Mas não há nenhuma indicação de que Foucault estivesse preocupado exatamente com isso quando os escreveu, como depois estariam tantos pensadores e ativistas da redução de danos, por exemplo, quando seguiram em seus artigos essas férteis pistas apontadas pelo amigo de Simeon e Mike.

O trecho mais incisivo que conheço de Foucault comentando sobre drogas está em uma entrevista publicada em 1984 pela revista canadense *Body Politic*. Após dizer que "a possibilidade de utilizar nossos corpos como fonte possível de uma multiplicidade de prazeres é muito importante", o filósofo aponta a limitação do nosso entendimento a respeito: "Frustra-me, por exemplo, que se examine sempre o problema das drogas exclusivamente em termos de liberdade ou de proibição. Eu penso que as drogas deveriam tornar-se elemento da nossa cultura". E continua:

> O puritanismo, que coloca o problema das drogas — um puritanismo que implica que se deve estar contra ou a favor —, é uma atitude equivocada. As drogas já fazem parte de nossa cultura. Da mesma forma que há boa música e má música, há boas e más drogas. E, então, da mesma forma que não podemos dizer que somos "contra" a música, não podemos dizer que somos "contra" as drogas.[21]

Se, como escrevi, muitos pesquisadores e ativistas já seguiram as pistas de Foucault para pensar a questão das drogas,

21 "Michel Foucault, uma entrevista: sexo, poder e a política da identidade", Trad. Wanderson Flor do Nascimento, *Verve*, n. 5, p. 260–77, 2004.

tenho a forte impressão de que não sou o único que já se intrigou com a ausência de outras referências explícitas dele ao tema. Com certeza também não sou o único que sonhou em fumar um baseado com Foucault e poder perguntar qual sua relação com as drogas, se ele já havia tomado LSD e o que ele tinha achado do prensado brasileiro quando veio para cá.

Tirando esse último ponto, com o resto não precisamos nos preocupar, porque Simeon Wade e Michael Stoneman fizeram todo um planejamento para levar Foucault a Claremont, e depois ao Vale da Morte, e perguntar isso diretamente ao filósofo. *On acid*, como se diz em inglês. Chapados. O mais incrível é que conseguiram, e perguntaram boa parte das coisas que eu perguntaria. E depois Simeon se lembrou de tudo para registrar (isso, sim, é o mais incrível).

Obviamente, como historiador, não posso deixar de ressaltar que o que temos aqui não são necessariamente as palavras de Foucault, mas sim o relato de Simeon Wade, suas memórias posteriormente narradas, selecionadas, editadas, revistas. E não digo que sejam menos confiáveis por relatarem diversos momentos em que os personagens estavam todos sob influência de drogas; mesmo que não estivessem, as diferenças entre documento/fonte/versão e realidade são imensas e insuperáveis.

Mesmo assim, como o texto de Heather Dundas relata, existem provas documentais de que a viagem ao Vale da Morte existiu e foi definidora para Foucault repensar uma série de questões pessoais e intelectuais, o que confere credibilidade à narrativa de Wade. Para além disso, nós, drogados leitores de Foucault, já sabíamos de alguma maneira sobre suas posições e afinidades com o tema, por mais que não fossem explicitadas em seus trabalhos.

Temos agora, com a publicação em português do relato de Wade, a explicitação para os leitores brasileiros interessados nesse ponto — e de brinde ainda uma série de outros diálogos interessantes sobre política, filosofia, sexualidade, artes.

Como em *Zabriskie Point*, filme de Michelangelo Antonioni que se passa no mesmo cenário do Vale da Morte, o principal de *Foucault na Califórnia* não está na trama ou nos personagens, nem mesmo no cènário do deserto psicodélico, mas nas aventuras, nos diálogos e nas sensações que os guiaram para dentro e para fora de lá. Como sabe todo usuário de psicodélicos que já teve uma iluminação ou uma ideia maravilhosa — depois nunca mais lembrada, mas que deixou no fundo um resíduo reconfortante de aprendizado —, o que fica do que a gente viveu e sentiu, com ou sem drogas, é *como* a gente viveu e sentiu.

JÚLIO DELMANTO é tradutor e jornalista com doutorado em história pela Universidade de São Paulo (USP). É autor de *História social do LSD no Brasil* (Elefante, 2020).

Dear Simeon,

Coming back in Paris w

mething sad after those

ays spent with you at Cle

oed weather, agressive people al

a hurry, phone calls during

ay - I feel that I h

emigrate and become a ca

nyway I am not depressed,

know there are somewhere

world such friends and such

Querido Simeon,

Voltar a Paris foi um tanto triste depois dos poucos dias que passei com vocês em Claremont. Clima frio, pessoas agressivas e apressadas, ligações telefônicas o dia todo — acho que preciso imigrar e me tornar um californiano.

De qualquer forma, não estou deprimido, pois sei que há amigos e beleza em algum lugar do mundo.

Estou prosseguindo com meu trabalho sobre a repressão sexual. Acho que nossa conversa e minha experiência em Claremont foram realmente esclarecedoras para esse trabalho. Me sinto muito grato por muitas coisas que você me apresentou desde que te conheci (e me desculpe por não deixar isso tão claro na TV, *como eu queria: todo esse teatro sem nenhum público me parece tão frio...). Se a qualquer momento você quiser vir a Paris — ou qualquer um de seus amigos —, por favor, me avise. Eu ficaria feliz em entretê-los.*

Je vous remercie de tout et je vous souhaite, ainsi qu'à Michael, ma fidèle amitié [Eu te agradeço e te endereço, assim como a Michael, minha amizade fiel].

Michel

Te enviei nesta tarde o Kafka, *de Deleuze,* Vigiar e punir, *e as* Sequénces, *de Jean Barraqué, para Michael. Mas ouvi dizer que em breve haverá uma greve dos correios na França.*

30 DE MAIO DE 1975

Amizades ácidas

Foucault, técnicas de si e relações especulativas

FELIPE MELHADO

No lugar da surreal paisagem do Vale da Morte, o clima acolhedor do apartamento na Rue de Vaugirard. Em vez dos cassetes estrilando Stockhausen ou Boulez, os vinis que quase furavam de tanto repetir Gustav Mahler. Fazendo as vezes de Michael Stoneman e Simeon Wade, os amigos franceses, sobretudo Mathieu Lindon e Hervé Guibert. Outras paisagens, outras músicas, outras amizades. Mas, entre a árida Califórnia e a chuvosa Paris, uma mesma prática se afirmava: o uso do LSD.

Logo depois de 1975, Michel Foucault fez das viagens de ácido lisérgico não exatamente um hábito, mas um plano de experimentação a ser frequentado com intensidade. Ao longo da vida, o filósofo testaria no próprio corpo todo tipo de substância que animasse sua curiosidade.

Mas a maconha — que ele chegou a cultivar na varanda de casa — e o LSD se tornariam suas drogas de eleição.

Foucault se interessava por qualquer prática que o ajudasse a "pensar diferente", como ele costumava dizer. Os experimentos com alteradores de consciência eram um desses exercícios. Mas conhecer as coisas de outro modo, pensar sob outra perspectiva, não era para ele uma atividade cartesiana, descolada do corpo ou da subjetividade de quem pensa. Para Foucault, o pensamento era uma experiência inseparável do modo de vida. Pensar diferente, portanto, significava viver diferente, isto é, transformar a si mesmo.

A ideia da filosofia como um exercício de si, e não como mera sistematização do pensamento com vistas à verdade, foi esboçada na famosa introdução de *O uso dos prazeres*, o segundo volume de *História da sexualidade*, escrito após a experiência no Vale da Morte. Como afirmava Wade, a viagem à Califórnia teria sido decisiva para fazer o filósofo desistir dos antigos planos e reelaborar todos os volumes subsequentes de *História da sexualidade*. Ao anunciar essa súbita mudança de direção em sua obra, Foucault também confessava uma alteração provocada em si mesmo:

> De que valeria a obstinação do saber se ela assegurasse apenas a aquisição dos conhecimentos e não, de certa maneira, e tanto quanto possível, o descaminho daquele que conhece? Existem momentos na vida onde a ques-

tão de saber se se pode pensar diferentemente do que se pensa, e perceber diferentemente do que se vê, é indispensável para continuar a olhar ou refletir.[22]

CONTRACULTURA & TÉCNICAS DE SI

Pensar diferentemente, perceber o mundo de outra forma, viver de outra maneira. Esse tipo de ética experimental e arriscada não era exatamente incomum nos anos 1960 e 1970. As palavras de ordem do guru contracultural Timothy Leary sugeriam algo parecido: *turn on, tune in, drop out* — ligue-se, sintonize-se, caia fora. Para uma parcela da juventude ocidental daquelas décadas, a tarefa fundamental era constituir outra vida para si, um estilo de existência fora dos espaços disciplinares e alternativo às expectativas sociais e familiares. Mas, para realizar essa aspiração, muitos concordavam: era preciso um intenso trabalho de si sobre si mesmo. Era necessário conhecer e experimentar mecanismos específicos, desenvolvidos para a transformação da própria subjetividade.

No entanto, como a sociedade moderna e ocidental não oferecia os mecanismos desejados pela geração dos anos 1960, foi preciso recorrer às experiências pré-modernas ou

22 FOUCAULT, Michel. *História da sexualidade*, v. 2, *O uso dos prazeres*. Trad. Maria Thereza da Costa Albuquerque. Rio de Janeiro: Graal, 1984, p. 13.

extraocidentais. E naquela época, especialmente em San Francisco e arredores, elas eram ofertadas à mão cheia: ioga, meditações diversas, recitação de mantras, artes marciais, filosofia oriental, ocultismo pagão, xamanismo ameríndio etc. etc. Quando Michel Foucault foi pela primeira vez à Califórnia, ele estava atento a todas as práticas que integravam o *ethos* contracultural. Algumas delas aparecem na narrativa de Wade: a ioga, que era praticada por ele e Michael Stoneman; o taoísmo, que Foucault visitou através dos amigos de Wade na montanha; e, com destaque, a experiência psicodélica proporcionada pelo LSD.

No auge da contracultura, não apenas o ácido lisérgico, mas os alucinógenos, de forma geral, eram massivamente compreendidos como potentes catalisadores de transformações subjetivas. As visões reveladoras, os insights repentinos, as experiências de contornos místicos ou regressivos e até mesmo as *bad trips* eram encarados como formas de transfigurar a existência, de alterar a percepção sobre o mundo e, no limite, de mudar a própria vida. Entre muitos jovens, circulava a confiança de que o ácido, o peiote, a ayahuasca ou a psilocibina poderiam expandir a consciência, quebrar padrões de comportamento e impelir o sujeito a uma vida diferente, longe das tediosas convenções do *American way of life*. Para os usuários de psicodélicos, uma verdadeira revolução estava sendo tramada — uma revolução que dispensava a tomada do poder estatal, e se processava no terreno das subjetividades.

Quando visitou a Califórnia pela primeira vez, Michel Foucault estava às voltas com um problema intelectual (ou seja, um impasse que para ele era igualmente ético). Em suas obras anteriores, o filósofo havia estudado como as diversas instituições disciplinares — a prisão, a escola, o manicômio etc. — atuavam para produzir subjetividades dóceis. Mas Foucault julgava ter chegado a um limite e buscava transpor essa perspectiva. Ele se perguntava se, para além da sujeição disciplinar, existiriam formas com as quais os indivíduos pudessem subjetivar a si próprios, praticando exercícios de liberdade autodirecionados. Acontece que na Califórnia, desde meados dos anos 1960, algo muito próximo disso parecia estar sendo experimentado às claras, entre aromas de incenso e sons de guitarras distorcidas

No epicentro da contracultura, buscando potenciais práticas de transfiguração do eu, Foucault se interessou pelo LSD e pelos então chamados "baratos naturais". Ficou impressionado ao notar como a Califórnia parecia estar "flutuando em direção à Ásia" e como os jovens buscavam transformar a si próprios através de práticas importadas do Oriente. Três anos depois, em 1978, a curiosidade de Foucault por esse tipo de prática se expressaria novamente em uma viagem ao Japão. Ele visitou um templo zen na cidade de Uenohara, na tentativa de compreender as práticas realizadas por seus adeptos. Nessa ocasião, Foucault conversou com os monges do templo e experimentou o *zazen*, a meditação sentada, prática fundamental da escola *sōtō zen*.

É plausível imaginar que as experiências vividas na década de 1970 tenham contribuído para que Foucault elaborasse a ideia mais instigante de seus últimos livros: o conceito de *técnicas de si*. Em uma de suas definições mais explícitas, o filósofo as descreveria como técnicas

> que permitem aos indivíduos efetuarem, sozinhos ou com a ajuda de outros, um certo número de operações sobre seus corpos e suas almas, seus pensamentos, suas condutas, seus modos de ser; de transformarem-se a fim de atender a um certo estado de felicidade, de pureza, de sabedoria, de perfeição ou de imortalidade.[23]

As técnicas de si seriam fundamentais no segundo e terceiro volumes de *História da sexualidade*, resultantes da crise intelectual vivida durante a *trip* californiana. Mas, ao escrever sobre as técnicas de si, Foucault não abordou as práticas orientais, as viagens psicodélicas ou quaisquer outras experiências contemporâneas de transformação de si mesmo. Ele recorreu mais uma vez à tática historiográfica, voltando seus estudos para a Antiguidade. No último Foucault, a atenção recai sobre as técnicas de si greco-romanas: os exames de consciência, as correspondências, a interpretação dos sonhos, a escrita de si, entre

23 FOUCAULT, Michel. "As técnicas de si", Trad. Wanderson Flor do Nascimento & Karla Neves, em *Por uma vida não-fascista (Coletânea Michel Foucault Sabotagem)*. Ponte de Lima: Coletivo Sabotagem, 2004, p. 78–105.

outras. Por vários motivos, entre os quais evitar a impressão de exotismo e se precaver das críticas mais preconceituosas, o filósofo não teorizou sobre as práticas que viu e vivenciou na Califórnia. Mas, como observou seu amigo Gilles Deleuze, ser tão explícito não era absolutamente necessário — a relação entre a experiência histórica e o momento presente era quase óbvia:

> A subjetivação não foi para Foucault um retorno teórico ao sujeito, mas a busca prática de um outro modo de vida, de um novo estilo. [...] Com certeza é preciso interrogar os gregos, mas apenas porque foram eles, segundo Foucault, que inventaram essa noção, essa prática do modo de vida. Houve uma experiência grega, experiências cristãs etc., mas não são os gregos nem os cristãos que farão a experiência por nós, hoje.[24]

TÉCNICAS DO NÃO EU

Nos dias de hoje, não é difícil notar que as técnicas de si experimentadas pela contracultura foram colocadas a serviço da produção subjetiva neoliberal. As práticas orientais, que à época visavam liberar o sujeito da disciplina e dos conservadorismos, a partir dos anos 1970 foram incor-

24 DELEUZE, Gilles. *Conversações*. Trad. Peter Pál Pelbart. São Paulo: Editora 34, 2008, p. 132.

poradas a uma egolatria *new age* que, no presente, está renovada pelo narcisismo espiritual da geração *good vibes*. O cuidado de si dos anos 1960 rapidamente se deteriorou no chamado "culto de si californiano", estimulando um hedonismo autorreferente, de satisfação imediata, que hoje é o combustível sensorial da sociedade do consumo. Por outro lado, o produtivismo neoliberal também adaptou várias dessas técnicas de si, desenvolvendo práticas contemporâneas como o *mindfulness* — uma apropriação da milenar *atenção plena* budista que atualmente serve para manter as pessoas funcionando mesmo com altos níveis de estresse e propensão ao *burnout*.

Até recentemente, os alucinógenos tinham passado ao largo desse processo de neoliberalização das técnicas de si. Mas isso parece estar mudando. Com a chamada "renascença psicodélica", a psilocibina, por exemplo, já faz parte do cardápio do sujeito neoliberal. Em lugares como o Vale do Silício, a microdosagem de cogumelos mágicos é largamente utilizada para "aumentar a criatividade", isto é, para incrementar a produtividade individual no contexto do capitalismo cognitivo. Se nos anos 1960 o uso de psicodélicos estava conectado a uma deserção do mundo do trabalho, hoje os cogumelos funcionam quase como uma versão descolada de remédios como a Ritalina ou o Aderall, turbinando o rendimento do empresário de si mesmo.

Décadas depois do Verão do Amor e do Woodstock, as práticas orientais e os psicodélicos parecem cada vez mais capturados pelo ultraindividualismo neoliberal. Não se fala mais em *drop out* — no capitalismo tardio, o sujeito só transforma a si próprio no sentido de garantir um bom desempenho e um ótimo consumo. É com essa intenção que alguns compram cogumelos pela internet e muitos treinam *mindfulness* com um terapeuta cognitivo-comportamental. Nesse cenário, não é de se espantar que o conceito de técnicas de si, elaborado por Foucault, esteja sendo duramente criticado: muitos acreditam que sua ênfase na transformação individual em detrimento da coletividade tenha municiado o individualismo contemporâneo, ou ao menos tenha sido complacente com ele.

A crítica é razoável, mas não leva em conta algumas das elaborações do próprio Foucault a respeito de certas técnicas de si. Quando visitou o templo zen no Japão, por exemplo, ele estava interessado em observar como aquelas técnicas poderiam se contrapor ao processo de individualização promovido pelo cristianismo e pelas instituições disciplinares ocidentais. A partir da Europa, segundo Foucault, o cristianismo atuara para dotar o indivíduo ocidental de alma, ou seja, de uma individualidade essencial. Por outro lado, instituições como a prisão e o manicômio operavam produzindo identidades, subjetividades individualizadas, vigiáveis e puníveis. No caso do zen, no entanto, a tentativa ia no sentido contrário: despersonalizar, anular o indivíduo, livrá-lo do ego, destituí-lo de qualquer essência. Assim, em vez de modos de subjetivação, seria mais preciso falar em processos de *dessubjetivação* — a ideia não era revelar ou constituir uma subjetividade, mas recusá-la.[25]

> Sem dúvida, o objetivo principal, hoje, não é descobrir, mas recusar o que nós somos. [...] Poder-se-ia dizer que o problema, ao mesmo tempo, político, ético, social e filosófico que se apresenta a nós, hoje, não é de tentar liberar o indivíduo do Estado e de suas instituições, mas de nos livrarmos, nós, do Estado e do tipo de individualização que a ele se prende. Precisamos promover novas formas de subjetividade, recusando o tipo de individualidade que se nos impôs durante vários séculos.[26]

Quando Foucault experimentou o *zazen* na década de 1970, talvez ele intuísse que aquele tipo de prática dessubjetivante pudesse ser uma alternativa à individualização imposta pelo cristianismo e, mais tarde, pelas instituições modernas ocidentais. Mas, nos dias de hoje, as subjetivações individualizantes não são operadas apenas pelas igrejas cristãs ou pelas instituições estatais. Na contemporaneidade, outro grande produtor de subjetividades

25 Ver: FOUCAULT, Michel. "Michel Foucault e o zen: uma estada em um templo zen", em *Ditos e escritos*, v. 9, *Genealogia da ética, subjetividade e sexualidade*. Trad. Abner Chiquieri. Rio de Janeiro: Forense Universitária, 2014.

26 FOUCAULT, "O sujeito e o poder", em *Ditos e escritos*, v. 9, 2014, p. 118.

ultraindividualistas parece ser o capitalismo neoliberal. É contra esse vetor que Foucault provavelmente posicionaria as técnicas de si, caso ele estivesse vivo na década de 2020.

Na tentativa de refigurar o pensamento foucaultiano, em diálogo com as ideias do sociólogo Mark Fisher, o crítico cultural britânico Jeremy Gilbert publicou em 2017 um texto instigante, intitulado "Socialismo psicodélico". Nele, o crítico argumenta que hoje as técnicas de si contraculturais poderiam ser renovadas justamente como táticas de oposição ao individualismo neoliberal. Gilbert percebe que muitas práticas orientais têm em comum com os alucinógenos a potencialidade de direcionar seus adeptos a uma dissolução do ego, a uma anulação da identidade. De fato, a noção de que o "eu" nada mais é do que uma ilusão a ser superada é algo recorrente em várias práticas orientais, tendo como raiz o conceito de *anattman* ("não eu", em páli). Da mesma forma, historicamente, incontáveis usuários de psicodélicos relatam ter vivido experiências de superação do eu, de anulação da individualidade e de integração subjetiva com o fora.

Com a atenção voltada à dissolução do indivíduo, Gilbert se refere às técnicas de si exercitadas nos anos 1960 e 1970 como *técnicas do não eu*. Sua sugestão é que essas técnicas — os psicodélicos e as práticas orientais — sejam reposicionadas, no presente, para uma superação do ultraindividualismo neoliberal:

É aqui que toda a panóplia contracultural de raves, drogas, ioga, chi-kung, zen etc. pode voltar ao cenário. Porque, na verdade, é precisamente o que a maior parte dessas coleções de técnicas foram projetadas para fazer. As antigas escrituras do cânone budista são muito claras — o "grilhão" fundamental do qual a prática da meditação deve nos libertar é a "visão do eu": a crença enganosa na permanência e consistência de nossos eus individuais. A ioga moderna deriva de práticas tântricas buscando unidade com o divino (como todos os misticismos teístas), o que é diferente do nirvana budista da não existência, mas que, de qualquer forma, envolve uma abolição equivalente da individualidade do sujeito individual. Se a descoberta de drogas psicodélicas — que, aliás, são capazes de induzir experiências comparáveis a clássicas experiências místicas, regular e repetidamente — fez uma grande contribuição ao pensamento científico, é a de demonstrar conclusivamente que tais experiências não são sobrenaturais ou fictícias, mas inerentemente corpóreas, materiais e físicas.[27]

27 GILBERT, Jeremy. "Socialismo psicodélico". Trad. Matheus Borges & Fabrício Silveira, *Das Questões*, v. 12, n. 1, 2021, p. 107.

AMIZADE & SUBJETIVAÇÃO COLETIVA

As técnicas do não eu são procedimentos táticos em uma sociedade na qual os vetores de individualização se intensificam e se atualizam a todo instante. Admitimos com certa facilidade o fato de que somos constituídos social e culturalmente, que nossa subjetividade é inventada apenas na relação com os outros e que até mesmo nossa sobrevivência material depende de uma imensa rede de alteridades. No entanto, essa consciência comunitária parece um mero divertimento intelectual, já que pouco afeta nosso modo de vida individualista.

Nos anos 1960 e 1970, a contracultura criou práticas coletivistas que faziam frente a um problema muito parecido. Nos Estados Unidos, mas não apenas, o exemplo moral do *self-made man* informava o estilo de vida das massas. O indivíduo que constituía a si mesmo solitariamente, que "subia na vida" apenas com o suor do próprio rosto, era o modelo de subjetividade padrão. Mas, ao rejeitar o mundo do trabalho, suas convenções e obrigações, hippies & beatniks recusaram também esse modo de subjetivação liberal. Em vez de aderirem ao individualismo meritocrático, eles contrainventaram um coletivismo altamente experimental.

O núcleo de onde se expandia esse movimento era a Califórnia, mais especificamente o bairro do Haight-Ashbury, em San Francisco. Nesse espaço formavam-se diversos grupos cuja vida compartilhada excluía praticamente toda a propriedade privada. Coletivos como os Diggers chegavam a militar pelo fim do dinheiro, organizando espécies de *potlatches* anarquistas. A prática do amor livre e os casamentos grupais eram corriqueiros e vividos com prazer subversivo. Em certos casos, esse coletivismo radical se fortalecia com a migração para áreas mais afastadas, rurais ou florestais, onde o *ethos* comunitário era experimentado longe das normalizações urbanas. Em pouco tempo, provocadas pela experiência californiana, as chamadas "comunidades alternativas" proliferaram pelo mundo todo, do Bear Canyon à Costa Leste, do Brasil ao Japão.

Insurgindo-se contra a individualidade liberal, a contracultura rejeitava o modelo do *self-made man* para assim experimentar uma subjetividade outra, atravessada pela lógica coletiva. Mas, embora a experiência da comunidade alternativa nos pareça muito datada, algo de sua recusa inventiva continua fazendo sentido. Hoje, afinal, certos atributos do *self-made man* seguem em vigor sob a forma do *empresário de si mesmo*. Como Foucault diagnosticou no fim da década de 1970, o modelo de subjetividade neoliberal é aquele do indivíduo que gerencia a si próprio como uma empresa.[28] Nesse economicismo egoico, é sempre necessário valorizar a si mesmo enquanto

28 Ver: FOUCAULT, Michel. *Nascimento da biopolítica*. Trad. Eduardo Brandão. São Paulo: Martins Fontes, 2008.

capital humano. O empresário de si mesmo é o sujeito do desempenho, e para ele é imperioso "melhorar", "atualizar" e "adaptar" a própria subjetividade de acordo com as flutuações do mercado, de modo que a lucratividade seja o desfecho invariável.

Assim como o *self-made man*, o empresário de si mesmo resulta de um modo ultraindividualista de subjetivação. Esse tipo de sujeito atribui a si próprio todo o sucesso (ou o fracasso) de seus empreendimentos, como se não houvesse qualquer contingência social envolvida. Para ele, os outros se resumem ao cliente, ao funcionário, ao sócio em potencial e às figuras indispensáveis para a formação de um bom *network*. Há um evidente conservadorismo e uma mal disfarçada sociopatia nesse modo de viver. Para recusar essa subjetividade individualizante que nos é imposta, parece mesmo urgente reabilitar formas radicais de subjetivação coletiva. É aqui que o pensamento de Foucault pode nos ajudar mais uma vez. Se o filósofo não se demorou no estudo das técnicas do não eu e tampouco se interessou pelas comunidades alternativas, em suas últimas entrevistas insistiu em falar sobre algo que poderíamos chamar de uma *técnica do nós*. A essa forma de subjetivação coletiva ele deu um nome elementar: a *amizade*.

Como observa Francisco Ortega, ao refletir sobre a amizade nos anos 1980, Foucault propunha uma atualização das antigas técnicas de si para o tempo presente. Se na análise das práticas greco-romanas ele enfatizava a autoconstituição individual, com o elogio da amizade Foucault sugeria um exercício contemporâneo de subjetivação relacional, recíproca, supraindividual.[29] A dimensão coletiva da amizade a afastava de qualquer exagero individualizante e, ao mesmo tempo, instituía um espaço para a criação de modos de vida compartilhados. No conceito de amizade, era essa possibilidade de experimentação o que mais interessava a Foucault.

De acordo com o filósofo, os sujeitos contemporâneos viveriam uma insuficiência nas formas de se relacionar uns com os outros, já que "as únicas relações possíveis são extremamente limitadas, extremamente simplificadas e extremamente pobres".[30] Para Foucault, diversos vetores operam para promover essa pobreza relacional: as leis, os costumes, a religião, o Estado, as instituições disciplinares etc. Mas a essas forças mencionadas por Foucault hoje poderíamos acrescentar também as diversas intimações do

29 "Foucault possuía um interesse especial em apresentar a estilística da existência da Antiguidade — de forma transformada — como um contramodelo às estratégias atuais de individuação. A forma que, segundo Foucault, a estética da existência deve ter na atualidade não permanece no nível individual do homem dominante de si representativo da Antiguidade, mas aponta para uma subjetivação coletiva, para uma forma de vida ou para, nas palavras de Deleuze, um devir minoritário, que encontra sua expressão na amizade" (ORTEGA, Francisco. *Amizade e estética da existência em Foucault*. Rio de Janeiro: Graal, 1999, p. 138).

30 FOUCAULT, Michel. "O triunfo social do prazer sexual", em *Ditos e escritos*, v. 5, *Ética, sexualidade, política*. Trad. Elisa Monteiro & Inês Autran Dourado Barbosa. Rio de Janeiro: Forense Universitária, 2006, p. 120.

capitalismo neoliberal. Afinal, é sintomático o fato de que qualquer ideia que possa disparar novas coletividades corra instantaneamente o risco de se transformar em uma *start-up*. Imaginar novas formas de relação soa como uma total perda de tempo — a não ser que elas sejam lucrativas. Na verdade, somos incentivados à criatividade em todos os campos da vida, até mesmo nos relacionamentos, mas com a condição de que essa criatividade movimente o capital.

A amizade, no entanto, é um campo de produção de diferenças, uma situação relacional em que se pode rejeitar o poder que as instituições e o mercado exercem sobre nós. A dimensão transgressora da amizade estaria precisamente nessa "recusa das formas impostas de relacionamento e de subjetividade".[31] Partindo dessa recusa, entre amigos seria possível criar relações experimentais, livres de regras ou finalidades pré-instituídas. Relações sem hierarquias fixas, nas quais o prazer de estar junto é o que mobiliza a invenção coletiva de novas subjetividades.

Foi esse prazer que Michel Foucault encontrou na Califórnia, ao lado de Simeon Wade e Michael Stoneman. Em uma das cartas enviadas a Wade, o filósofo dizia ser "muito raro encontrar um amigo como você, com o qual é possível estabelecer relações afetivas e especulativas". E, para Foucault, se havia um tipo de amizade a ser vivida com intensidade, era exatamente esta: uma relação especu-

31 ORTEGA, *Amizade e estética da existência em Foucault*, p. 169.

lativa, experimental, em que a criação de novos possíveis se estabelece como um exercício cotidiano.

Quando Wade e seus amigos californianos se aproximaram de Foucault, talvez eles esperassem que o filósofo agisse como uma espécie de guru. Naquele contexto, afinal, o guruato era algo muito disputado — de Timothy Leary a Rajneesh, de Ram Dass a Trungpa Rinpoché. Mas, onde queriam um guru, Foucault entregou um amigo. Mesmo assaltado por perguntas aleatórias, ansiosas por palavras de ordem, Foucault se esquivou de fazer prescrições e se recusou a exercer qualquer autoridade moral ou intelectual. Na companhia de seus novos amigos, o que lhe interessava era experimentar a própria amizade, se afastando de toda postura ou comportamento impositivo. Só assim era possível se fazer *disponible* — aberto a todas as possibilidades da experiência compartilhada.

Flagramos o filósofo em uma atitude parecida também em um outro relato, escrito por seu amigo francês Hervé Guibert. Em *Para o amigo que não me salvou a vida*, Guibert confessa que, em sua amizade com Foucault, muitas vezes se comportava de uma maneira difícil, entre um "estado de prostração resmunguento" e uma "euforia agressiva". Mas, ao conversar com Foucault a respeito, o filósofo o tranquilizara, dizendo "sobretudo para não fazer esforço: os esforços eram a pior coisa que se podia infligir aos amigos, eu era o que era e quem me aceitava como tal gostava de mim assim mesmo".[32] Com esse gesto simples, quase banal, Foucault expulsava do território da amizade um impulso de normalização. Na forma de uma mera gentileza, ele reafirmava a ética experimental das relações entre amigos. Afinal, de uma amizade deveriam se projetar diferenças subjetivas, e por isso era importante que os amigos evitassem a obrigação de qualquer comportamento médio.

A amizade, para Foucault, era assim uma questão política a ser exercitada como uma ética do cotidiano. Um plano de contraconduta, uma ocasião favorável para dobrar os poderes que agem sobre a nossa subjetividade. Como um modo de subjetivação coletivo, a amizade teria como princípio a rejeição da ultraindividualização, inclusive em sua expressão neoliberal. Por isso, hoje, para além das técnicas do não eu, talvez valha a pena também atualizar as relações especulativas propostas por Foucault na década de 1980. Intensificar as amizades experimentais, expandi-las e dar a elas maior escala e potência.

Mas o que isso tem a ver com o LSD? Talvez não seja uma coincidência que muitas amizades de Foucault,

32 GUIBERT, Hervé. *Para o amigo que não me salvou a vida*. Trad. Mariza Campos da Paz. Rio de Janeiro: José Olympio, 1995, p. 64.

como Simeon Wade e Hervé Guibert, tenham sido entusiastas do uso do ácido lisérgico. Se usadas no contexto adequado — ou no melhor *setting*, como diriam os iniciados —, algumas drogas, inclusive os psicodélicos, podem auxiliar na experimentação de outras relações possíveis. Afinal, amigos que se drogam juntos podem se tornar mais suscetíveis a estabelecer relações diferentes, já que certas drogas têm como efeito embaralhar as hierarquias, ativar novos prazeres e estimular comportamentos imprevistos, não modulados pelos poderes organizados.

No entanto, é preciso enfatizar que, para Foucault, assim como também para nós, o importante não é a droga em si mesma, mas a experimentação de novos modos de vida e subjetividades coletivas. Afinal, continua sendo possível inventar relações especulativas bebendo chá — e, em certos casos, pode ser até mais prudente assim.[33] Para que isso aconteça, entretanto, o fundamental é se dedicar à criação de amizades que derretam as imposições subjetivas do capital, que as corroam por dentro e produzam a experiência de uma vida outra no próprio presente. Para experimentar uma nova subjetividade, alheia às imposições dos poderes mas potente como uma viagem

33 Aqui cabe retomar a prudência de Deleuze: experimentar, sim, com intensidade, mas com cuidado para não "virar um trapo". Ver: DELEUZE, Gilles. "D de desejo", em *O abecedário de Gilles Deleuze (com Claire Parnet)*, 1988. Disponível em: clinicand.com/o-abecedario-de-gilles-deleuze/.

psicodélica, talvez seja preciso renovar — dia a dia renovar — nossas próprias amizades ácidas.

FELIPE MELHADO é editor na Grafatório Edições e doutor em Ciências da Comunicação pela Universidade do Minho, com pesquisa financiada pela Fundação para a Ciência e a Tecnologia.

...nk you for your ...

hearing from you and your recen
eriences. I had a rather bad time
ll, I could not come through my boo
sual repression. I hope that I know
w to work it out. Anyway, I'll
a sabbatic year, and then I'll h
enty of time. A part of which I'll
California. I am supposed to visit
d teach there next fall. Of course I
u in Claremont.

am anxious to read your book about
alley and our trip. It still remains
e of my great experiences.

o you still intend to visit Europe next

ive my friendly regards to Michael.

uch affection

Michel

Querido Simeon,

Obrigado por sua carta. Gostei muito de saber de você e de suas experiências recentes. Passei por maus bocados na última primavera. Não consegui desenvolver o meu livro sobre a repressão sexual. Espero que consiga encontrar uma saída. De qualquer maneira, vou dar entrada em um ano sabático e então terei bastante tempo. Parte dele, vou gastar na Califórnia. Devo visitar Berkeley para lecionar na próxima primavera. É claro que te visitarei em Claremont.

Estou ansioso para ler seu livro sobre o Vale da Morte e nossa viagem. Para mim, ela continua sendo uma das minhas maiores experiências. Você ainda pretende visitar a Europa no próximo verão?

Mande minhas lembranças amigáveis ao Michael.

Com muito afeto,

Michel

[Escrito na lateral da carta, na vertical]
Obrigado mil vezes pelo livro do Malcolm Lowry.
Lowry realmente é o melhor.

Foucault na Califórnia sob a teoria crítica contemporânea[34]

ANTONIO PELE

> *Eu gostaria de escrever livros-bombas — ou seja, livros que são úteis bem no momento em que são escritos ou lidos pelas pessoas. Depois eles desapareceriam.*
> — Michel Foucault, *Foucault na Califórnia*

Há mil e uma maneiras de interpretar *Foucault na Califórnia*, de Simeon Wade. Algumas pessoas verão nele uma experiência que teria moldado toda a obra posterior de Foucault, enquanto outras apreciarão os encontros humanos e os parênteses não filosóficos do relato. Na

34 Este texto foi escrito no marco do projeto Hu Dig 19 IF MSCA — Fellowship 101027394 da União Europeia. Agradeço o IRIS da École des Hautes Études en Sciences Sociales (EHESS) de Paris e à Cadenza Academic Translations pela ajuda na tradução.

verdade, é o caráter híbrido do livro que lhe outorga uma energia singular.

Em primeiro lugar, em relação à forma, aprendemos a conhecer Michel Foucault nas biografias dedicadas a ele, tais como as de Didier Eribon, David Macey e, a mais controversa, de James Miller.[35] Apreciamos Foucault também como personagem de ficção em *O que amar quer dizer*, de Mathieu Lindon (Cosac Naify, 2014), *Para o amigo que não me salvou a vida*, de Hervé Guibert (José Olympio, 1995), e também, em menor grau, em *Quem matou Roland Barthes*, de Laurent Binet (Companhia das Letras, 2016). Mais amplamente, os livros de Foucault, seus cursos no Collège de France e em Louvain, suas entrevistas, conferências e outras intervenções nos permitiram entender a evolução das relações que ele mantinha com seu próprio pensamento.

O Foucault que aparece aqui é outro. Ele não é nem autor, nem o tema de uma biografia, nem tampouco um personagem velado por trás de uma ficção. *Foucault na Califórnia* é um livro-testemunho na linha, talvez, de *Vingt ans et après* [Vinte anos e depois], de Thierry Voeltzel (Grasset, 2014), ou ainda de *Impressões de Michel Foucault*, de Roberto Machado (n-1, 2017).

35 Ver: ERIBON, Didier. *Michel Foucault: uma biografia*. Trad. Hildegard Feist. São Paulo: Companhia das Letras, 1990; MACEY, David. *The Lives of Michel Foucault*. Nova York: Vintage Books, 1995; MILLER, James. *The Passion of Michel Foucault*. Nova York: Simon & Schuster, 1993.

Convém, antes de tudo, situar cronologicamente esse relato, que acontece na primavera de 1975. Foucault já havia visitado a América do Norte. Em março de 1970, ministrou uma conferência sobre Sade na New York State University, em Buffalo; em abril de 1971, deu uma "Aula sobre Nietzsche" na Universidade McGill, em Montreal; em março de 1972, retornou à New York State University para ministrar a conferência "O saber de Édipo". Mas só em maio de 1975 Foucault foi pela primeira vez à Costa Oeste, convidado pela Universidade de Berkeley para ministrar a conferência "Discurso e repressão". Ele voltaria cinco vezes à Califórnia, no outono de 1979, no outono de 1980, no outono de 1981 e na primavera e no outono de 1983.

Em maio de 1975, tendo tomado conhecimento da vinda de Foucault às universidades de Berkeley e Irvine, Simeon Wade, então professor de história na Claremont Graduate School, decidiu ir ao seu encontro e convidá-lo — entre outras coisas — à famosa *acid trip* no Vale da Morte.

O testemunho de Wade, entretanto, contém algumas imprecisões em relação às datas exatas do desenrolar dos acontecimentos, o que é possível corrigir aqui.[36] Em maio de 1975, Foucault visitou duas vezes Simeon Wade e seu companheiro, o pianista Michael Stoneman:

36 Ver: BORG, Kurt. "Foucault on Drugs: the Personal, the Ethical and the Political in *Foucault in California*", *Foucault Studies*, n. 28, p. 142–64, set. 2020.

a expedição deles ao Vale da Morte aconteceu no fim de semana de 10 e 11 de maio de 1975; a segunda visita ocorreu durante o Memorial Day, ou seja, em 26 de maio. A discussão em torno do poder na Sala dos Fundadores da Claremont Graduate School ocorreu também durante a primeira visita de Foucault e após a *acid trip* no Vale da Morte. Entretanto, o leitor ou leitora verá que esse diálogo aparece no final da viagem de Foucault à Califórnia, como se ele houvesse acontecido após a caminhada no Bear Canyon. Convém, portanto, levar em conta esse encadeamento dos acontecimentos.

Com esse relato, Simeon Wade busca testemunhar a admiração que tinha por Foucault, a amizade que se desenvolveu entre os protagonistas, a vida homossexual, a afabilidade e o humor de Foucault, os autores e artistas que este apreciava, a crítica ao ensino superior e, evidentemente, a experiência com LSD. Além disso, há uma dimensão cinematográfica em seu testemunho. A fluidez das diferentes cenas, as fotos tiradas no deserto, no Zabriskie Point e a destinação dos nossos três amigos (o mesmo lugar do filme de Michelangelo Antonioni) conferem à leitura do livro a impressão de um longo plano-sequência.

Quanto ao conteúdo do relato, ele foi validado por Foucault em vida e parece lançar uma nova luz sobre a evolução de seu pensamento. Nele, Foucault admite precisamente que a experiência com LSD terá "efeitos" sobre seu trabalho. Wade declara na entrevista de 2017 para a revista *Boom* que, após o périplo deles, uma correspondência de

Foucault indica "que ele havia lançado ao fogo o segundo e o terceiro volumes de sua *História da sexualidade* e que era necessário recomeçar do zero".[37] Esses elementos são, portanto, importantes para compreender os anos que separam a publicação de *A vontade de saber*, em 1976, e a publicação, em 1984, dos volumes 2 e 3 de *História da sexualidade*.[38] Essa pausa e a reformulação do plano de trabalho originalmente apresentado por Foucault foram e continuarão a ser objeto de debate. É verdade, entretanto, que razões mais simples, como o cansaço e o interesse de Foucault pela confissão, também poderiam explicar esse hiato e a nova direção de suas pesquisas.[39]

Um primeiro reflexo seria, portanto, traçar um nexo de causalidade entre a experiência de Foucault com LSD na Califórnia e sua pesquisa sobre as "técnicas de si" e o "cuidado de si". A tentação é grande, na medida em que os volumes 2 e 3 de *História da sexualidade* tratam dessas questões e que o uso regulado de certas drogas também poderia ser interpretado como uma "tecnologia de si" contemporânea, derrubando os saberes-poderes domi-

37 A correspondência entre Foucault, Wade e Stoneman é conservada no ONE National Gay and Lesbian Archives, da Universidade do Sul da Califórnia.

38 O volume 4, *Les aveux de la chair*, foi lançado postumamente em 2018. Ver a edição brasileira: *História da sexualidade*, v. 4, *As confissões da carne*. Trad. Heliana de Barros Conde Rodrigues & Vera Maria Portocarrero. Rio de Janeiro: Paz e Terra, 2020.

39 ELDEN, Stuart. *Foucault's Last Decade*. Cambridge: Polity, 2016, p. 45–81.

nantes. Graças à sua *trip* na Califórnia, Foucault teria tido, então, a intuição de reorientar suas pesquisas para a genealogia da subjetividade ocidental. Nesse sentido, em uma entrevista de 1978 para Duccio Trombadori, Foucault parecia se corrigir:

> Em *As palavras e as coisas*, enganei-me ao apresentar essa morte [do homem] como alguma coisa que estava em curso em nossa época. Confundi dois aspectos. O primeiro é um fenômeno em pequena escala [...]. Se a promessa das ciências humanas tinha sido fazer-nos descobrir o homem, elas certamente não a mantiveram [...]. O segundo aspecto que confundi com o procedente é que, no curso de sua história, os homens jamais deixaram de construir a si mesmos, quer dizer, de deslocar, continuamente, sua subjetividade, de se construírem em uma série infinita e múltipla de subjetividades diferentes, que jamais terão fim e jamais nos colocarão em face de alguma coisa que seria o homem.[40]

A aposta de Wade teria então funcionado. Tendo realizado uma experiência cerebral com "o maior intelectual do mundo", este teria começado a empreender a guinada subjetiva de sua obra e a reformulação do seu projeto, modificando consideravelmente o plano de trabalho anun-

40 FOUCAULT, Michel. *Ditos e escritos*, v. 6, *Repensar a política*. Trad. Ana Lúcia Paranhos Pessoa. Rio de Janeiro: Forense Universitária, 2010, p. 325.

ciado de *História da sexualidade*. Com *O uso dos prazeres* e *O cuidado de si*, não se trata mais da finitude do Homem, mas da ética, da liberdade, da arte de viver e da estilização da existência.

Essa tese é crível, mas convém igualmente colocá-la em perspectiva. Primeiramente, foi apenas em 1984, quase nove anos após a *acid trip* no Vale da Morte, que Foucault abordou essas temáticas. No retorno de sua viagem, ele continuou, mesmo assim, o manuscrito de *A vontade de saber*, que finalizou em agosto de 1976. Durante esse tempo, a conferência que Foucault ministrou em 1976 no Collège de France, *Em defesa da sociedade* — e, portanto, após sua primeira visita à Califórnia —, retomou as questões que deviam ser exploradas no projeto inicial do volume 6, "População e raças", de *História da sexualidade*. Enfim, e antes de abordar estritamente as questões éticas da subjetividade ocidental no início dos anos 1980, Foucault passou a segunda metade dos anos 1970 abordando as questões de "governamentalidade" (poder pastoral, neoliberalismo).

Em segundo lugar, embora Foucault tenha estudado as técnicas de si da filosofia clássica, ele sempre evitou transformá-las em uma perspectiva normativa que devesse guiar nossas existências contemporâneas. Seu objetivo era conceber uma genealogia do sujeito ocidental, e não prescrever uma forma de comportamento para seus leitores e suas plateias. Longe de idealizar o "cuidado de si" antigo, Foucault insistiu em seu caráter elitista e apontou igualmente o que o separava precisamente do modo de vida californiano.[41]

Em terceiro lugar, existe sempre a tentação de enquadrar Foucault em função dos países que ele visitou e das problematizações que explorou. Temos assim o "Foucault francês" do estruturalismo e da justiça-prisão, o "Foucault italiano" da militância e da governamentalidade, o "Foucault brasileiro" das "formas jurídicas" e da medicalização, e poderíamos acrescentar o Foucault iraniano, japonês, tunisiano, alemão e sueco. Interpretar o "cuidado de si" no âmbito do "Foucault norte-americano", portanto, também leva a compreender esse assunto como um espelho que permite entender certas questões políticas que aconteciam nos Estados Unidos.[42]

Da mesma forma, uma certa cautela seria necessária ao querer interpretar algumas declarações de Foucault como um presságio do seu interesse por questões relacionadas à verdade. Em Zabriskie Point e sob efeito da droga, Foucault se maravilhava: "O céu explodiu e as estrelas estão chovendo sobre mim. Eu sei que isso não é de verdade, mas é a Verdade". Foucault inclusive retomou esse episódio, comentando com um amigo que essa experiência com LSD o havia ensinado a identificar melhor a

41 FOUCAULT, Michel. *Qu'est-ce que la critique? Suivi de la culture de soi*. Paris: Vrin, 2015, p. 140.

42 WILLIAMSON, D. C. "An American Foucault", *History of Philosophy Quarterly*, v. 26, n. 2, p. 189–207, abr. 2009.

verdade.[43] Além disso, em 1971, durante uma entrevista, Foucault já mencionava a importância da "experiência da droga" na medida em que "a gente conhece algo completamente diferente".[44] Devemos, por isso, traçar uma linha de causalidade com o Foucault do "regime de verdade", das formas de veridicção e dos discursos "aletúrgicos"? Podemos detectar uma premissa das problemáticas que Foucault começava a examinar nos anos 1980 (um projeto interrompido por sua morte) e que se encaminharia à questão do sujeito em sua relação com a verdade (*A coragem da verdade*), examinando a função da confissão no direito penal (*Malfazer, dizer verdadeiro*) e a confissão dos desejos (*As confissões da carne*)?

É sempre possível encontrar acontecimentos biográficos que permitem contextualizar um discurso filosófico e lhe dão sentido de maneira retrospectiva. No entanto, essa abordagem não é aquela da filosofia crítica, na medida em que equivale a antropomorfizar os textos e os autores e congelá-los em relações de causa e efeito, e isso sem dispor (de momento) de todos os elementos que permitiriam corroborar tais conclusões.

Seria mais conveniente nos perguntarmos como esse relato pode nos servir hoje e como ele problematiza nossa atualidade, seguindo a interpretação de Foucault de *Was ist*

43 MACEY, David. *Michel Foucault*. Paris: Gallimard, 1994, p. 349.

44 FOUCAULT, Michel. *Freedom and Knowledge: A Hitherto Unpublished Interview*. Amsterdã: Elders Special Production, 2012.

Aufklärung? [O que é o Iluminismo?]. Em primeiro lugar, *Foucault na Califórnia* produz uma atualidade em torno de Foucault, o que não é desprezível se levarmos em conta a influência de seu pensamento hoje. A publicação desse relato também se une às (próximas) publicações de textos e de conferências inéditos, principalmente sete livros a serem publicados na coleção Cours et Travaux de Michel Foucault avant le Collège de France. Além disso, *Foucault na Califórnia* permitirá compreender melhor os escritores, poetas e artistas que Foucault apreciava, tais como Malcolm Lowry, Thomas Mann, William Faulkner e Pierre Boulez. Finalmente, durante a discussão na Sala dos Fundadores em Claremont, é extremamente interessante destacar a observação de Foucault sobre os "livros-bombas", úteis em um determinado momento e que depois desaparecem. Nisso, Foucault apontava a importância política de aliar a teoria crítica à práxis, uma abordagem que faz falta hoje (no Brasil e em outros lugares), quando a maioria dos livros ditos "críticos" se resigna a fazer os mesmos diagnósticos das crises políticas e dos estragos do capitalismo.

Em segundo lugar, na leitura de *Foucault na Califórnia* não podemos evitar sentir um apego a seu autor, Simeon Wade — e não apenas porque ele foi um dos primeiros a compreender o pensamento de Foucault e a difundi-lo em suas aulas, como atesta o seu *Chez Foucault*.[45] Como

45 *Chez Foucault* foi um zine editado por Simeon Wade em 1978. A obra contém a transcrição do diálogo entre Foucault e os alunos de Wade em

observa Andrew Marzoni em uma magnífica crônica em sua homenagem, Simeon Wade foi precisamente excluído pela instituição universitária na medida em que sua pessoa, sua homossexualidade assertiva, seu ensino e suas pesquisas incomodavam os colegas.[46] Por isso, *Foucault na Califórnia* é também uma crítica ao sistema universitário, que se baseia estruturalmente na precarização do corpo docente (*adjunct professor* nos Estados Unidos, professores horistas no Brasil) e na fobia aos saberes marginais. A publicação desse maravilhoso relato é, portanto, também uma merecida homenagem ao professor Simeon Wade.

ANTONIO PELE é professor de direito da Pontifícia Universidade Católica do Rio de Janeiro (PUC-Rio). É também Marie Curie Fellow na École des Hautes Études en Sciences Sociales (EHESS) de Paris, em parceria com o Columbia Center for Contemporary Critical Thought (CCCCT).

Claremont, presente neste volume, e também uma espécie de glossário de termos e conceitos foucaultianos.

46 MARZONI, Andrew. "Foucault in the Valley of Death", *The Baffler*, n. 46, jul. 2019.

comment aurait-il été

ne pas aimer toi.

Simeon

Death Valley

Epistème 1–

[T]u n'as pas reçu ma lettre

[a]reuth ? et tu sais bien que

[j]e n'ai pas votre adresse.

Je vous aime frénétiquement

Michel.

Como seria possível não te amar

Simeon

Death Valley Trip

Épisteme la gris

Você não recebeu a minha carta de Beirute? Você sabe muito bem que antes eu não tinha o endereço de vocês.

Eu os amo freneticamente

Michel

16 DE SETEMBRO DE 1978

A experimentação como forma de vida

TONY HARA

As últimas aulas de Michel Foucault no Collège de France foram dedicadas à filosofia cínica, praticada na Grécia a partir do século IV a.C. Filósofos de rua chamados de *mendigos porcalhões* por Hegel e de *ancestrais dos hippies* por Peter Sloterdijk. Para Foucault, o cínico era um filósofo em guerra, um combatente, um militante radical da vida filosófica.[47]

Na filosofia cínica, dizer um princípio verdadeiro não basta. É preciso vivê-lo. A verdade se manifesta no modo de vida, nos gestos, na maneira de se vestir, de se conduzir,

47 FOUCAULT, Michel. *A coragem da verdade*. Trad. Eduardo Brandão. São Paulo: Martins Fontes, 2011, p. 264.

de viver. Se o filósofo cínico diz que é preciso viver de acordo com a natureza, ele vive de fato. Come quando tem fome, bebe quando tem sede, defeca e masturba-se quando o corpo pede, independentemente do local ou dos olhares de reprovação. O cínico põe à prova da vida o discurso verdadeiro que professa.

O ensino cínico fazia uso de exemplos, anedotas, relatos de episódios da vida de personagens reais ou lendários que o discípulo deveria imitar. Dito de outro modo, a transmissão de saber se dava através do herói filosófico, modelo de comportamento e de conduta na luta contra a arrogância daqueles que levavam uma vida conformada e conformista num mundo de convenções tolas e inúteis.

A ideia da filosofia como um modo de vida, que exige certo heroísmo, desaparece quando a filosofia se torna ofício de professor. Quando a filosofia vai à escola, no século XIX, a vida filosófica deixa de fazer sentido. Na lousa e nos livros, o que interessa é a história das doutrinas, dos sistemas filosóficos. Por isso Hegel desprezou os cínicos: "por não terem inserido o que tinham de filosofia em um sistema científico".[48] A filosofia como discurso é o que se aprende nas salas de aula.

Foucault se pergunta se seria possível conceber uma história da filosofia que não se ocupasse das doutrinas, mas dos modos de vida: "uma história da vida filosófica como

48 HEGEL, G.W.F. *apud* NAVIA, L. *Diógenes, o cínico*. Trad. João Miguel Moreira Auto. São Paulo: Odysseus, 2009, p. 149.

problema filosófico, mas também como modo de ser e como forma ao mesmo tempo de ética e de heroísmo".[49]

Se essa história da vida filosófica existisse, o livro de Simeon Wade seria visto como um pequeno tesouro, ou, como diz Foucault aos estudantes de Claremont, um livro "útil como uma bomba e bonito como fogos de artifício". O manuscrito gonzo de Wade revela, em sua embriaguez, um herói filosófico na iminência de *inventar* um novo caminho, a partir de uma escolha ética e de uma decisão da vontade.

Há uma ebriedade na forma de ver, de lembrar e de contar a história do encontro com o herói, que realmente parecia um filho de Kojak com Elton John, naquela viagem rumo ao deserto. Ebriedade no sentido captado por Nietzsche, "sentimento de elevação da força e de plenitude, [que provoca] uma monstruosa exaltação dos traços principais, de modo que os outros traços pertinentes se dissipam".[50]

Wade exalta a conduta de Michel Foucault, aquilo que os gregos chamavam de *ethos*; maneira de ser, de agir, de se comportar frente aos outros, de responder aos acontecimentos da vida. Não se trata de esmiuçar a obra e o pensamento, como fizeram de forma irretocável os professores Hubert L. Dreyfus e Paul Rabinow, parceiros

49 FOUCAULT, *A coragem da verdade*, p. 187.

50 NIETZSCHE, Friedrich. *Crepúsculo dos ídolos (ou como filosofar com um martelo)*. Trad. Marco Antônio dos Santos Casanova. Rio de Janeiro: Relume Dumará, 2014, p. 70.

intelectuais de Foucault na Universidade da Califórnia. Na companhia de Simeon Wade e de Michael Stoneman, o jogo era outro: o exercício de um *prazer intenso e recíproco*, e ao mesmo tempo sereno.

Foucault se definia como um *experimentador*, alguém dado à experimentação. E entendia a experiência tal como Nietzsche, Bataille e Blanchot, isto é, como um meio de "arrancar o sujeito de si próprio, de fazer com que não seja mais ele próprio".[51] Daí a abertura do filósofo para as experiências, seja aquela maquinada por Wade, sejam as praticadas nos cenários de couro e látex cravados na Folsom Street. Os jogos sexuais sadomasoquistas e a viagem lisérgica, experiências até então inéditas, estão relacionadas aos processos de dessubjetivação que ele tanto prezava.

Da perspectiva da filosofia como modo de vida, as temporadas nos Estados Unidos são decisivas, porque "Foucault passa a querer viver plenamente essa homossexualidade que teve tanta dificuldade em aceitar, em assumir, e que em Nova York ou San Francisco ele descobre como um modo de vida e uma cultura expostas à luz do dia".[52]

"Ele disse diversas vezes o quanto tinha gostado da variedade e da experimentação de estilos de vida", observa Wade. No retorno a Paris, Daniel Defert também teste-

51 FOUCAULT, "Conversa com Michel Foucault", em *Ditos e escritos*, v. 6, p. 291.

52 ERIBON, *Michel Foucault: uma biografia*, p. 295.

munha o entusiasmo do filósofo com "as pequenas comunidades — zen, vegetarianas, feministas, homossexuais — produtoras de estilos de existência que ele aborda com curiosidade".[53]

Uma abordagem não só teórica, mas existencial. A partir de 1975, prestes a completar cinquenta anos de idade, Foucault inicia um desbaste em sua rede de amigos a fim de cultivar um pequeno círculo, uma pequena comunidade de jovens amigos, todos na faixa dos vinte anos. "Tive a impressão", diz Gilles Deleuze ao relembrar essa época, "de que ele queria estar só, ir para onde não pudessem segui-lo, exceto alguns íntimos".[54] O escritor Hervé Guibert, um desses íntimos, viu Foucault "empurrando os conhecidos para uma zona longínqua da amizade que o dispensava de repente de procurá-los, limitando suas relações a uma palavra de vez em quando ou a um telefonema".[55]

Michel Foucault parece confirmar a ideia de Nietzsche de que o homem não abriga em si uma alma imortal, mas muitas almas mortais. Há brigas, rupturas, alianças, cooperações entre essas muitas almas que habitam um corpo. E é justamente essa a intensa relação entre as almas mortais que ditam o ritmo da existência de um espírito livre dado à experimentação.

53 DEFERT, Daniel. "Cronologia", em FOUCAULT, *Ditos e escritos*, v. 1, p. 42.

54 DELEUZE, *Conversações*, p. 105.

55 GUIBERT, *Para o amigo que não me salvou a vida*, p. 18.

De forma absurdamente esquemática, imprudente até, é possível apontar na trajetória de Michel Foucault três modos de vida: a vida literária, a vida militante e a vida filosófica.

Foucault viveu a vida literária com mais intensidade entre os anos de 1955 e 1963, quando Roland Barthes, Louis Lepage, Robert Mauzi e ele formavam "um pequeno bando inseparável".[56] Barthes tinha quarenta anos quando foi apresentado a Foucault, quase dez anos mais novo. Tornaram-se bons amigos apesar da distância geográfica, já que em 1959 Foucault assumiu um posto na Maison de France, na cidade de Uppsala, Suécia.

Com seu Jaguar branco, Foucault viajava em alta velocidade e com frequência para Paris. Lá encontrava o bando quase todas as noites nos bairros boêmios da cidade. Clima de confraria secreta, que o filósofo descreveu a um jovem na festa organizada por Wade: "Era como uma fraternidade subterrânea, excitante e meio perigosa. A amizade significava muito, os amigos tinham uma confiança mútua, nós protegíamos uns aos outros, nos relacionávamos por meio de códigos secretos".

Apesar das boas recordações da confraria homossexual, Maurice Pinguet lembra que nessa época adandinada e boêmia de Foucault, "ele tinha um caráter impossível, sempre muito briguento; a amizade para ele era algo

56 ERIBON, Didier. *Michel Foucault e seus contemporâneos.* Trad. Lucy Magalhães. Rio de Janeiro: Jorge Zahar, 1996, p. 126.

complicado e difícil".[57] Barthes e Foucault se afastaram em 1963–1964, sem brigas, e ficaram quase dez anos sem se ver.

Em março de 1968, uma repressão violenta e desmedida a uma greve de estudantes despertou a alma militante de Foucault na Tunísia, onde viveu por dois anos e meio. "Fiquei profundamente impressionado com as moças e os rapazes que se expunham a riscos enormes, redigindo panfletos e os distribuindo. Foi, para mim, uma verdadeira experiência política".[58]

Foucault voltou à França em dezembro de 1968 para participar da criação da Universidade experimental de Vincennes. Após as revoltas de maio de 1968, a cena política entre os jovens foi dominada por pequenos grupos marxistas que rivalizavam entre si. A paixão pelo debate teórico e uma loquacidade exasperante tomaram conta do meio acadêmico francês. Ao se ver envolvido por essa "discursividade incoercível", Foucault extraiu alguns princípios para a sua vida militante: "Tentei manter a uma certa distância essas discussões indefinidas. Tentei fazer coisas que implicassem um engajamento pessoal, físico e real e colocassem os problemas em termos concretos, precisos, definidos no interior de uma dada situação".[59]

57 PINGUET, Maurice *apud* ERIBON, *Michel Foucault e seus contemporâneos*, p. 127.

58 FOUCAULT, "Conversa com Michel Foucault", em *Ditos e escritos*, v. 6, p. 329.

59 FOUCAULT, "Conversa com Michel Foucault", em *Ditos e escritos*, v. 6, p. 331.

Em vez do proselitismo sectário, Foucault inventa um modo de intervenção política centrado na escuta. Ao lado de Daniel Defert, criou o Grupo de Informação sobre as Prisões. No *Manifesto* define-se com precisão o objetivo do grupo e da ação política: saber o que se passa dentro das prisões através dos relatos dos próprios detentos.[60] O Foucault do megafone, do embate com a polícia, das passeatas e vigílias surgiu nessa época, para o espanto de seus amigos mais antigos, como Georges Dumézil.

Naquela primavera de 1975, descrita por Wade, um novo modo de vida desponta no horizonte do filósofo. A alma militante nascida em Túnis continuará firme nas ruas e nas intervenções, via imprensa, mundo afora. Mas, por outro lado, Foucault vai se dedicar também à formação de um grupo organizado em função do prazer, da boa convivência, daquilo que Nietzsche chamou de *partilha da alegria* — atividade que se pratica numa comunidade de amigos, num encontro entre espíritos livres.

"Em nenhum outro lugar", afirmou Mathieu Lindon, "estamos mais vivos do que na Rue de Vaugirard."[61] O apartamento de Foucault tornou-se o ponto de encontro, uma heterotopia da amizade, onde os amigos poderiam gozar da liberdade de ser aquilo que eram. "Ele me libertava das coisas que eu não havia escolhido, das coisas que eram

60 FOUCAULT, "Manifesto do GIP", em *Ditos e escritos*, v. 4, p. 2.

61 LINDON, Mathieu. *O que amar quer dizer*. Trad. Marília Garcia. São Paulo: Cosac Naify, 2014, p. 111.

parte integrada e não integrante de mim. Era como se ele tivesse por mim um devotamento discreto mas não secreto, um amor sem angústia, o melhor que podemos receber."[62]

Em *Introdução à vida não fascista*, Foucault diz que o grupo deve ser "um constante gerador de 'desindividualização'".[63] O indivíduo é um produto do poder; e a tarefa ético-política seria a de recusar essa individualidade. O filósofo e os jovens amigos estavam vivendo essa difícil e ao mesmo tempo prazerosa aventura ética.

No começo dos anos 1980, Foucault comprou uma casa em um vilarejo próximo a Vendeuvre-du-Poitou, onde morava sua mãe. Aos amigos mais próximos dizia-se cansado da vida parisiense. Planejava se afastar das aulas e dos compromissos no Collège de France e manter apenas os vínculos acadêmicos com as universidades norte-americanas. A casa de campo foi reformada, mas o filósofo não teve tempo de povoá-la com seus livros e amigos. A ideia era passar os verões por lá, escrevendo, trabalhando, convivendo. Um modo de vida distanciado do ambiente urbano, meio parecido com aquele experimentado na comuna taoísta trepada na montanha.

Para Nietzsche, a meta de um espírito livre é *tornar-se um bom vizinho das coisas mais próximas*,[64] pequeninas e

62 LINDON, *O que amar quer dizer*, p. 198.

63 FOUCAULT, "Prefácio [*Anti-Édipo*]", em *Ditos e escritos*, v. 6, p. 106.

64 NIETZSCHE, Friedrich. *Humano demasiado humano*, v. 2. Trad. Paulo César de Souza. São Paulo: Companhia das Letras, 2008, p. 174.

fundamentais da vida. Foucault talvez tenha vislumbrado esse caminho *heroico*, que é uma espécie de coroamento da vida filosófica. Afirma Nietzsche sobre o espírito livre:

> Em seu modo de viver e de pensar há um heroísmo refinado, que desdenha se oferecer à adoração das massas, e anda em silêncio através do mundo e para fora dele. Não importa por quais labirintos vagueie, nem as rochas que impedem momentaneamente a sua torrente — chegando à luz ele segue o seu caminho, claro, leve, quase sem ruído, e deixa que o brilho do sol brinque no seu fundo.[65]

Como bem flagrou Simeon Wade no final de sua narrativa, lá no aeroporto de Ontario partia uma não pessoa, um riso e música intensa, que sonhava com um devir, com um tornar-se *imperceptível.* "Não, não, eu não estou onde você me espreita, mas aqui de onde o observo rindo."[66]

TONY HARA é doutor em história da cultura pela Universidade Estadual de Campinas (Unicamp). É autor de *Ensaios sobre a singularidade* (Intermeios & Kan, 2012), *Saber noturno: uma antologia de vidas errantes* (Unicamp, 2017) e *Velhas verdades* (2021).

65 NIETZSCHE, *Humano demasiado humano*, p. 179.

66 FOUCAULT, Michel. *A arqueologia do saber.* Trad. Luiz Felipe Baeta. Rio de Janeiro: Forense Universitária, 2008, p. 19.

My dear Sim,

I have been a long time w

iving you any news. It am s

uring summer I have been w

n my book about sexual repr

wrote hundred and hundred

ut they are so bad, that I

to begin again. We started, fo

agos, the film about Pierr

we had a huge amount of mo

with money. Now, every thin

Meu querido Sim,

Faz muito tempo que não te dou qualquer notícia. Me desculpe. Durante o verão estive trabalhando em meu livro sobre a repressão sexual. Escrevi cem páginas, mas elas estavam tão ruins que tive de recomeçar. Nós começamos, há poucas semanas, o filme sobre Pierre Rivière e tivemos enormes problemas com dinheiro. Agora está tudo bem, encontramos um garoto maravilhoso (não é um ator profissional, mas um jovem camponês, de 22 anos) para interpretar o papel de Pierre Rivière. Estou profundamente interessado em escrever roteiros e gostaria de trabalhar nessa área no ano que vem.

Espero que você tenha tido um ótimo verão no Leste, repleto de trabalho e prazer. Estou partindo nesta noite para o Brasil, onde ficarei um mês; depois vou passar duas semanas em Nova York (de 1º a 15 de novembro).

Com amor, para você e Michael

Michel F.

Meu endereço no Brasil:
c/o Lebrun
178 Praça Roosevelt
São Paulo

5 DE OUTUBRO DE 1975

SIMEON WADE nasceu em 22 de julho de 1940, no Alabama, Estados Unidos. Após obter seu doutorado em história intelectual da civilização ocidental na Universidade Harvard, em 1970, mudou-se para a Califórnia e se tornou professor assistente na Claremont Graduate School. Depois, foi professor em diversas universidades do sul da Califórnia e trabalhou como enfermeiro psiquiátrico. Morreu em Oxnard, Califórnia, em 3 de outubro de 2017.

Cartas de Michel Foucault a Simeon Wade gentilmente cedidas pela ONE National Gay & Lesbian Archives, da Universidade do Sul da Califórnia.

Primeira edição, outubro de 2024
São Paulo / Londrina / Brasil

Dados Internacionais de Catalogação na Publicação (CIP)
Angélica Ilacqua CRB-8/7057

Wade, Simeon

Foucault na Califórnia: filosofia e LSD no Vale da Morte / Simeon Wade; tradução Júlio Delmanto e Felipe Melhado. – São Paulo / Londrina: Elefante / Grafatório, 2024. 288 p.

ISBN 978-65-6008-025-6

Título original: Foucault in Califonia: Wherein the Great French Philosopher Drops Acid in the Valley of Death – A True Story

1. Foucault, Michel, 1926–1984 – Biografia 2. Filosofia I. Título
II. Delmanto, Júlio III. Melhado, Felipe

23-6353 CDD 921

Índices para catálogo sistemático:
1. Foucault, Michel, 1926–1984 – Biografia

---

elefante
editoraelefante.com.br
contato@editoraelefante.com.br
fb.com/editoraelefante
@editoraelefante

GRAFATØRIO
grafatorio.com
contato@grafatorio.com
@grafatorio

Foucault na Califórnia foi impresso em offset com cor especial sobre papel Pólen Bold. As imagens foram impressas em policromia fluorescente sobre papel Couchê. As fontes utilizadas são das famílias Le Monde, de Jean François Porchez, e Ohno Blazeface, de James Edmondson. Os 2.000 exemplares foram produzidos pela gráfica Midiograf, em Londrina, Sertão do Tibagi, durante a primavera de 2024.